신경숙 박사의

중국문화의 이해

中 国 文 化 理 解

신경숙 박사의

중국문화의 이해
中 国 文 化 理 解

초판 1쇄 발행 2022년 2월 28일

저　자　신경숙
발행처　(주)명진씨앤피
등　록　2004년 4월 23일 제2004-000036호
주　소　서울시 영등포구 경인로 82길 3-4 616호
전　화　(02)2164-3005
팩　스　(02)2164-3020

ISBN 978-89-92561-74-7 (13910)
정 가 15,000원

신경숙 박사의

중국문화의 이해

中 国 文 化 理 解

신경숙 지음

前言

★ ★

中韩两国文化渊源深厚，自1992年建交以来，两国各方面关系均获得长足发展。现在，中国已经成为韩国最大贸易伙伴、最大出口市场、最大进口来源国、最大海外投资对象国、最大留学生来源国、最大海外旅行目的地国，中韩两国是名副其实的战略合作伙伴。

两国同属于儒家文化圈，历史文化一脉相承，有很多共同和相通之处。但由于历史发展和地理环境的不同，现在也存在着很大的文化差异，这使两国国民在相互交往中难免有一些不便，甚至误会。目前韩国的汉语学习者日渐增多，随着汉语水平的提高，他们都对了解中国文化有了更大的需求。但是目前出版的有关中国文化的图书，大多注重学术性，内容深奥而繁杂，这就使大多数学习者望而却步。

为此，申京淑院长主持编写了《中国文化汉语》一书，希望为韩国汉语学习者们提供便利。本教材本着通俗易懂的原则，内容上选择普及性的知识，以对话的方式呈现给学习者，使学习者在学习口语对话的同时了解到较为丰富的中国文化知识。本教材适用于已具有中高级汉语能力的学员，在编写上注重实用性和趣味性，每课主要分为三个部分，包括生词、情境对话和阅读材料。主要目的是让读者了解一般性的中国文化知识，具备对相关话题进行讨论的能力，同时课文中一些礼仪知识也对学习者在生活上有着指导性的作用。

本书的编写得到了李华老师、柴梅老师、吴梦楠老师、崔温柔老师的大力协助，在此一并致谢！

머리말
★ ★ ★

한중 두 국가는 문화적으로 뿌리가 깊고, 우호교류의 역사는 유구합니다. 1992년 수교 이후, 양국 관계는 모두 발전해 왔습니다. 이제 중국은 한국의 최대 교역국의 동료이자 최대 수출시장, 최대 수입 원국, 최대 해외 투자국, 최대 유학생 근원국, 최대 해외여행지국이 되었고, 이제 한중 양국은 명실상부한 전략적 협력 동반자입니다.

두 나라는 같은 유가 문화권에 속해 역사 문화가 일맥상통해서 많은 공통점과 납득할 수 있는 점이 있습니다. 그러나 역사적 발전과 지리적 환경이 다름에 따라, 현재도 문화적 차이가 커서 양국 국민은 서로 교류하는 데 피할 수 없는 불편함이 있을 수 있고, 심지어 오해할 수도 있습니다. 현재 한국의 중국어 학습자는 나날이 증가하고 있습니다. 중국어 실력이 향상됨에 따라, 그들은 모두 중국 문화를 이해하는데 더 많은 수요를 갖게 되었습니다. 그러나 현재 출간되는 중국 문화 관련 도서는 대부분 학술상에 치중하고 내용이 심오하고 번잡합니다. 이점이 대다수 학습자를 뒷걸음치게 하였습니다.

이로 인해 신경숙 박사가 '중국 문화 중국어' 책을 집필하여 한국 중국어 학습자들에게 도움을 제공하고자 합니다. 이 교재는 통속적이어서 알기 쉽다는 원칙에 입각하여 내용상 보편적인 지식을 선택해 대화방식으로 학습자에게 보여줌으로써, 말하기와 대화를 배우면서 중국 문화에 대한 지식을 비교적 풍부하게 이해할 수 있도록 하였습니다. 이 교재는 이미 중·고급 중국어 능력을 가진 수강생에게 적합하며, 집필에 있어 실용성과 재미를 중시하였습니다. 매 단원은 세 부분으로 나뉘는데, 새 단어, 상황 대화와 읽기 자료를 포함합니다. 주된 목적은 독자들에게 일반적인 중국 문화 지식을 이해시키고, 해당 이슈에 대해 토론할 수 있는 능력을 갖추고, 동시에 본문의 일부 예의 지식은 학습자의 생활에 있어서 지도적인 역할을 합니다.

교재의 집필을 위해 리화선생님, 차이메이선생님, 우멍난선생님, 최온유선생님의 큰 협력이 있었습니다. 이 자리에서 함께 감사를 드립니다!

目录 목차

★ ★ ★ ★

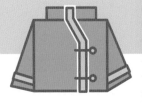

신경숙 박사의

중국문화의 이해
中 国 文 化 理 解

신경숙 지음

美英是一名到中国留学的韩国学生，在大学里认识了一位学长——王鹏。
两人成了好朋友，经常一起聊天、学习，王鹏向美英介绍了很多中国文化

미영은 중국에 유학 온 한국 학생이고, 대학에서 선배인 왕펑을 만났습니다. 두 사람
은 좋은 친구가 되어 늘 함께 이야기하고, 공부하고, 왕펑은 미영에게 많은 중국 문화
를 소개해 주었습니다.

第一课
제1과

中国的历史好长啊
중국의 역사는 매우 길어

生词

博物馆 bó wù guǎn		[명사] 박물관.
参观 cān guān		[동사] 참관하다.견학하다.
感受 gǎn shòu		[동사] (영향을)받다.느끼다.
祖先 zǔ xiān		[명사] 선조.조상.
朝代 cháo dài		[명사] 왕조의 연대.
尧 yáo		[명사] 당요.요임금.(전설상의 고대 제왕의 이름)
舜 shùn		[명사] 순.(중국의 전설상의 제왕 이름)

禹 yǔ		[명사] 우.(하 나라를 세운 성왕. 전설에 홍수를 다스렸다 함.)
哲学家 zhé xué jiā		[명사] 철학가.
教育家 jiào yù jiā		[명사] 교육가.
来源 lái yuán		[동사] (사물이)기원하다.유래하다.
国力 guó lì		[명사] 국력.
频繁 pín fán		[형용사] 잦다.빈번하다.
聚居 jù jū		[동사] 모여 살다.집단으로 거주하다.
封建王朝 fēng jiàn wáng cháo		봉건 왕조.
古代 gǔ dài		[명사] 고대.
近代 jìn dài		[명사] 근대.
现代 xiàn dài		[명사] 현대.

对话

美英: 王鹏，昨天我去中国国家博物馆了。

왕펑아, 나 어제 중국 국립박물관에 갔었어.

王鹏: 是吗？看来你对中国的历史很感兴趣啊。

그래? 넌 중국 역사에 관심이 많은가 보구나.

美英: 是啊，自从来到中国以后，我对中国的历史、文化等很多方面都越来越有兴趣了。

맞아. 중국에 온 이후로 나는 중국의 역사, 문화 등 여러 방면에 관심이 많아졌어.

王鹏： 那你在博物馆参观了以后，有什么感受呢？

그럼 너는 박물관 견학하고 나서 어떤 느낌을 받았어?

美英： 我觉得中国的历史好长啊，学到了好多新的知识。

나는 중국역사가 매우 길다고 생각하고, 새로운 지식을 많이 배웠어.

王鹏： 是啊，中国是世界上最古老的国家之一。大约在170万年以前，中国人的祖先就生活在云南的元谋县境内了。中国的历史如果黄帝时代算起，已经有5000年的历史了。

맞아, 중국은 세계에서 가장 오래된 나라 중의 하나야. 약 170만 년 전부터 윈난의 원모현 경내에 중국인의 조상이 살았어. 중국의 역사는 황제 시대부터 따지면 5000년이나 돼.

美英： 在中国的历史上，经历了很多朝代。可我经常分不清楚，更记不住那么多朝代。中国到底有多少个朝代呢？

중국의 역사상 많은 왕조가 있었지만, 나는 늘 구분하지 못하고, 그렇게 많은 왕조를 기억하지 못해. 중국에는 과연 몇 개의 왕조가 있을까?

王鹏： 这样吧，我教给你一首《朝代歌》吧，你记住它，就会很方便了。你来跟我一起读一下：三皇五帝始，尧舜禹相传。夏商与西周，东周分两段。春秋和战国，一统秦两汉。三分魏蜀吴，两晋前后延。南北朝并立，隋唐五代传。宋元明清后，皇朝至此完。

그러면 내가'조대가' 한 곡 가르쳐줄게. 네가 기억하면, 매우 편할 거야. 나를 따라 읽어봐: 삼황오제로 시작하여, 요순우로 이어져 내려오네. 하상과 서주, 동주는 두 단락으로 나뉘네. 춘추시대와 전국시대를 통일한 진과 두 한나라가 위촉오로 3등분 되고, 두 진나라가 앞뒤로 이어지네. 남북조가 공존하고, 수당 5대로 이어지니. 송, 원, 명, 청 이후 황제의 시대는 끝이 난다네.

美英： 中国的朝代都在包括在这段话里边了吗？挺有意思的。

중국의 왕조가 모두 이 대목에 포함된 거야? 매우 재미있어.

王鹏： 对。先看这里，三皇、五帝、尧、舜、禹都是中国古代传说中的帝王。而夏朝是中国历史上第一个王朝，之后又有商、西周、东周等等很多朝代。中国历史上经历了20多个朝代呢。

응. 먼저 여기 보면 삼황, 오제, 요, 순, 우는 중국 고대 전설의 제왕이야. 하나라는 중국 역사상 첫 왕조를 이뤘고, 이후 상, 서주, 동주 등 많은 왕조가 있었어. 중국은 역사상 20여 개의 왕조를 거쳤어.

美英： 那你一定知道很多历史故事吧，你能给我讲讲过去有哪些有名的人物或者故事吗？

그럼 너는 많은 역사 이야기를 알겠네. 과거 유명한 인물이나 이야기 좀 들려줄 수 있어?

王鹏： 那可太多了！有名的人物，比如，在春秋战国时期，出现了很多著名的哲学家、思想家，如老子，孔子，孟子等，他们的思想和著作一直流传到现在。

그거 참 많아! 유명한 인물들, 예를 들면 춘추전국시대에는 수많은 저명한 철학자, 사상가들, 예를 들면 노자, 공자, 맹자 등이 있었고, 그들의 사상과 저서가 지금까지 전해지고 있어.

美英： 是的，我知道孔子是一位伟大的教育家，他的思想在世界上都有很大的影响力。

맞아, 공자는 위대한 교육자이고, 그의 사상이 세계적으로 큰 영향력을 가지고 있다는 것을 알아.

王鹏： 要说历史故事呢，估计最精彩的就是三国时候的故事了。

역사 이야기라면 삼국시대 이야기가 최고일 것 같아.

美英： 你是说《三国演义》吗？ 我最喜欢看这部电视剧了。

'삼국연의'를 이야기하는 거야? 나는 이 드라마를 가장 좋아해.

王鹏： 对，《三国演义》说的是东汉末年和魏、蜀、吴三国时期的一段历史，那时候，也出现了很多了不起的英雄人物。

맞아,'삼국연의'는 동한 말기와 위, 촉, 오의 삼국시대 역사를 이야기하는데, 그 때도 대단한 영웅들이 많이 나왔어.

美英： 对，有曹操、刘备，关羽、张飞等等，我印象最深的是诸葛亮。

응. 조조, 유비, 관우, 장비 등이 있는데, 나는 제갈량이 제일 인상에 깊어.

王鹏： 是的，诸葛亮的故事很多。在中国人的心目中，诸葛亮就是智慧的化身。

그래, 제갈량의 이야기가 많아. 중국인의 마음속에서 제갈량은 바로 지혜의 화신이야.

美英： 我还知道唐朝。对了，在欧美国家，有很多"唐人街"，它和唐朝有关系吗？

그리고 나는 당왕조를 알고 있어. 참, 유럽과 미국 국가에는 차이나타운이 많은데 당왕조와 관계가 있어?

王鹏: 这个"唐"字就来源于唐朝。唐朝时期，国力强大，中外交流很频繁，与亚欧国家都有往来，对世界影响很大。所以，唐朝以后，在海外，很多人称中国人为唐人，华人聚居的地方称为"唐人街"。

이'당'자는 당왕조에서 유래했어. 당대 시기에는 국력이 강했고, 중국과 외국의 교류가 활발했으며, 아시아와 유럽 국가들과도 왕래가 있어서 세계에 매우 큰 영향을 미쳤어. 그래서 당왕조 이후 해외에서는 중국인을 당나라 사람, 중국인들이 많이 모여 사는 곳을 차이나타운이라고 불렀어.

美英: 啊，是这样啊。那中国与韩国的交往也很多吧？

아, 그렇구나. 그럼 중국은 한국과도 많이 교류하지?

王鹏: 对，特别是在明朝时期，中国和韩国两国的交往已经十分密切了。

응, 특히 명나라 때 중국과 한국 두 국가 간의 왕래는 매우 밀접했어.

美英: 这里有一句："宋元明清后"，说的就是宋朝、元朝、明朝、清朝以后，对吗？

여기에 "송원명청후"라는 말이 있는데 송나라, 원나라, 명나라, 청나라 이후를 말하는 게 맞지?

王鹏: 对，"宋元明清后，皇朝至此完"。这句话是说，中国历史上最后一个朝代是清朝，封建王朝到此就结束了。

맞아, "송원명청이후, 황제의 시대는 끝이 난다네". 중국 역사상 마지막 왕조는 청나라였고, 봉건 왕조는 여기서 끝났다는 거야.

美英: 那清朝以后呢？

그럼 청나라 이후에는?

王鹏: 清朝以后就进入到中国近代史了。中国的历史分为三个阶段。从夏朝到清朝是中国古代史；从1840年开始到1949年中华人民共和国成立，是中国近代史；从1949年10月中华人民共和国成立一直到现在，是中国现代史。

청나라 이후 중국 근대사에 진입했어. 중국의 역사는 세 단계로 나뉘어. 하나라부터 청나라까지 중국 고대사고, 1840년부터 1949년까지 중화인민공화국이 수립된 중국 근대사고, 1949년 10월 중화인민공화국 수립 이후 현재까지 중국 현대사야.

美英: 听你这么一说，确实比较清楚了，也更方便记住了。我来北京留学以后，已经慢慢适应了在中国的生活，并且越来越喜欢中国了。你看，现在越来越多的外国人都会来中国旅游或者居住了。

네 말을 들으니 확실히 비교적 정확하고, 기억하기도 편해. 나는 북경에 유학온 이후, 이미 중국에서의 생활에 적응을 하고 있고, 또한 점점 더 중국을 좋아하게 되었어. 봐봐, 요즘 점점 더 많은 외국인들이 중국으로 여행 오거나 거주하고 있어.

王鹏: 其实我刚才只是给你提供了一个了解中国历史的线索，如果你想了解更多的内容，可以多去图书馆、博物馆查找资料，或者到各地走走看看，就能慢慢了解中国的过去和现在。

사실 나는 단지 네게 중국 역사를 이해할 수 있는 단서를 제공했을 뿐이야. 만약 네가 더 많은 것을 알고 싶으면 도서관과 박물관에 가서 자료를 찾거나, 각지를 돌아다니면서 봐봐. 그러면 중국의 과거와 현재를 천천히 이해할 수 있어.

美英: 还有一个学习的途径，就是找你聊天啊！你看，今天我的收获就很多呢，谢谢你啊!

또 한 가지 공부하는 방법은 바로 너를 만나서 이야기하는 거야! 봐봐, 오늘 내 수확이 아주 많았어, 고마워!

王鹏: 不客气，以后有什么问题，尽管问我好了，希望你在中国的留学生活每天都很充实，并且每天都开心!

천만에, 앞으로 질문이 있으면 나한테 물어봐. 네가 중국에서 유학 생활이 늘 풍부하고, 늘 즐겁길 바래!

中国朝代顺序表

夏、商、周【西周、东周（春秋、战国）】、

秦、汉（西汉、东汉）、三国（魏、蜀、吴）、晋（西晋、东晋）、

南北朝【南朝（刘宋、萧齐、萧梁、南陈）、北朝（北魏、东魏、西魏、

北齐、北周）】、隋、唐、

五代十国【五代（后梁、后唐、后晋、后汉、后周）、十国（前蜀、后蜀、

杨吴、南唐、吴越、闽、马楚、南汉、南平、北汉）】、

宋（北宋、南宋）、辽、西夏、金、

元、明、清。

中国历史大事件

　　中国历史悠久，中华文化源远流长。中国史前时期社会生产力发展，早期文化多元发展、互相渗透、融聚一体，炎黄被尊奉为中华民族的人文始祖。公元前21世纪，中国最早的国家夏朝出现。社会经济和文化取得巨大飞跃。东周推进了生产发展和社会变革，形成百家争鸣的局面。公元前221年，秦始皇建立了中国历史上第一个统一的专制主义中央集权帝国，西汉进一步巩固和发展了大一统的局面。魏晋南北朝时，中国陷入分裂割据局面，五胡乱华期间，异族融于中国趋势加强，诸多民族在分立政权的冲突中逐渐汇聚。隋唐时期，中央与边疆少数民族联系更为密切，经济繁荣、科技文化高度发展。两宋时期，多元文化碰撞交融，经济、科技发展到新的高度。明朝鼎盛时期，社会经济高度发展，明末出现资本主义萌芽。19世纪，满清闭关锁国政策阻碍对外交流，中国开始沦为半殖民地半封建社会。1911年建立了中华民国，推翻了两千多年的封建君主专制政体，共和政体取而代之，但胜利果实被袁世凯窃取，中国也进入军阀割据混乱时期。后经国民大革命，国共十年内战，八年抗日，以及解放战争，终于1949年在北京成立了中华人民共和国。

第二课
제2과

中国有多少节日
중국에는 명절이 얼마나 있습니까

生词

调休 tiáo xiū		[동사] 휴가 날짜를 바꾸다.
晕晕乎乎 yūn yun hū hu		[형용사]머리가 어질어질하다. 머리가 멍하다.
累人 lèi rén		[형용사](피로하여) 낙이 없다. 고생스럽다.
往常 wǎng cháng		[명사]평소. 평상시.
凑巧 còu qiǎo		[형용사]공교롭다.
还好 hái hǎo		[형용사]그런대로 괜찮다.
接下来 jiē xià lái		다음은. 이하는.
周边游 zhōu biān yóu		주변 여행.
尽量 jǐn liàng		[부사]가능한 한. 되도록.
尤其 yóu qí		[부사]특히. 더욱.
跨省 kuà shěng		한 성에서 다른 성으로 이동하다
那个 nà ge		[대명사]그것.
心动 xīn dòng		[동사]가슴이 설레다.
国际友人 guó jì yǒu rén		외국 친구.

连休 lián xiū	연휴.
看重 kàn zhòng	[동사]중시하다
西方化 xī fāng huà	서구화
报道 bào dào	[명사](뉴스 등을) 보도.
同步 tóng bù	[형용사] 동시 발생적인.
稍有不同 shāo yǒu bù tóng	조금씩 다르다.
包含 bāo hán	[동사]포함하다.

王鹏: 国庆节假期就要到了，七天小长假，你打算去哪里玩啊?

국경절 연휴가 다가오는데 7일 짧은 휴일 동안 어디에 놀러 갈 계획이야?

美英: 我还没考虑这件事呢，调休调得我晕晕乎乎的，连续上了七天课了，让我先缓缓。

나 그 일에 대해 아직 생각해 보지 않았는데, 휴가 날짜를 바꾸는 것 때문에 머리가 어질어질해. 연속으로 7일 수업해서, 내가 우선 천천히 하려고.

王鹏: 调休确实还挺累人的，往常一般都是连着上六天学，这次时间不太凑巧，所以咱们要连着上七天。不过还好，接下来可以连着休息七天了，只要不是想出国，周边游晚几天再去也不是不可以，哈哈!

휴가 날짜를 바꾸는 게 확실히 매우 사람을 고생스럽게 해. 평소에는 보통 6일씩 쭉학교에 다니는데, 이번 기간은 그다지 공교롭지 않아서, 우리는 7일 동안 계속 수업을 해야 해. 그래도 괜찮은게 그 다음에는 7일 동안 쉴 수 있어. 출국하고 싶은게 아니라면, 주변 여행하면서 며칠씩 쉬다가 가도 되니까. 하하!

美英: 周边游？你是有去附近玩的打算吗？

주변 여행? 너는 근처에 놀러 갈 계획이 있어?

王鹏: 因为疫情，学校不是建议我们尽量留校，尤其不要跨省旅游或者回家吗？我们班好多同学商量后打算一起去晨溪涧玩。

코로나바이러스 때문에 학교에서는 가능한 한 학교에 남아있고, 특히 한 성에서 다른 성으로 이동해 여행하거나 집에 돌아가지 말라고 이야기하지 않았어? 우리 반의 많은 학우들이 상의한 후에 함께 아침 계곡에 가서 놀 계획이야.

美英: 我早就听说过那个地方了，好像很美的样子。那个……你们班一起去的同学里有女同学吗？

나 그곳 들어봤는데, 매우 아름다운 것 같아. 저기...너희 반에 같이 가는 친구들 중에 여학생이 있어?

王鹏: 怎么？你是也想一起去吗？

왜? 너도 같이 가고 싶어?

美英: 虽然挺不好意思的，但是我还是挺心动的，我现在还没什么朋友，放假期间好像我的室友们都已经有约了，找不到伴儿一起去玩儿呢。

정말 미안하지만 그래도 난 매우 설레. 아직 친구가 별로 없고, 방학 동안 내 룸메이트들이 다 약속이 있었던 것 같아. 친구를 구해서 같이 놀러 갈 수가 없어.

王鹏: 啊！没关系的，一起去的同学中有女生，你认识的王雪也会去，你可以问问她有没有找好室友，我也会在我们群里和所有的同学说一声，我相信他们都会很欢迎你这位国际友人的。

아! 괜찮아. 같이 가는 친구들 중에 여학생이 있어. 네가 아는 왕설도 갈 거야. 그녀한테 룸메이트를 찾았는지 물어봐. 나도 우리 그룹에 있는 모든 학생들한테 이야기할게. 나는 그들 모두 외국 친구를 매우 환영할 것이라고 믿어.

美英: 真的吗? 那太好了! 哈哈!

정말? 그럼 너무 좋지! 하하!

王鹏: 只要找到可以分享房间的室友，其他问题都不大。

주로 방을 같이 쓸 수 있는 룸메이트를 찾는 거고, 그 외의 문제는 크지 않아.

美英: 好的，我现在就联系她。真是羡慕中国人呀，有这么多长假期，还有春节，放这么长时间的假，真是太好了，不像在韩国，基本上包括周末在内也就四天，偶尔会出现五天的情况，就已经是最长的假期了。

응, 바로 그녀한테 연락 해볼게. 중국인들이 정말 부러워, 이렇게 긴 휴가가 있고, 춘절도 있고, 이렇게 긴 시간 동안 쉴 수 있어서 정말 너무 좋아. 한국은 주말을 포함해서 4일 밖에 안되고, 가끔 5일 정도 되는 경우가 있는데 그게 벌써 최장기간이야.

王鹏: 哈哈，确实是的，不过我们的假期总是调休，有时候也让人挺烦恼的。

하하, 확실히 그래. 하지만 우리 휴가는 항상 휴가 날짜를 바꿔야 해서, 사람을 매우 괴롭게 할 때도 있어.

美英: 是的，因为这个调休我总是搞不清什么节日放假，什么节日不放假，还有怎么放假。

맞아. 이 휴가 날짜를 바꾸는 것 때문에 어떤 명절이 쉬는 건지, 어떤 명절이 안 쉬는 건지, 또 어떤 날이 휴가로 쉬는 건지 헷갈려.

王鹏: 为了让大家可以连休，也不知道调休到底算好还是不好。

사람들에게 연휴가 가능하도록 하기 위해서, 휴가 날짜를 바꾸는 게 좋은 건지 아닌지 모르겠어.

美英： 除了春节、劳动节和国庆节这三个比较长的假期之外，我知道还有中秋节，韩国的中秋节也放假，比中国休息的时间还要长一些呢。

춘절, 노동절, 국경절 등 세 가지 긴 연휴 외에 추석이 있다는 것도 알고 있어. 한국의 추석도 방학인데, 중국보다 쉬는 기간이 더 길어.

王鹏： 我有所耳闻，韩国人也是很重视中秋节的吧？

내가 들었는데, 한국인들도 추석을 매우 중요시 여긴다면서?

美英： 是的，我们最看重中秋节了，这天很多家庭都要祭祀祖先呢。

응. 우리가 추석을 가장 중요하게 생각하는데, 그 날은 많은 집이 조상에게 제사를 지내.

王鹏： 两国的习俗还是有些不一样的。

양국의 풍습은 좀 다르네.

美英： 说起来，中国还有什么节日呢？

말하자면, 중국에는 어떤 명절이 있어?

王鹏： 这个嘛，我们的节日主要有传统节日和纪念型节日，以及特定人群型节日。先说说传统节日，除了你刚刚说的春节和中秋节，按照时间的顺序，一月一号是元旦，农历正月十五是元宵节，四月五日是清明节，农历五月初五是端午节，农历七月十五是中元节，也有很多人叫他"鬼节"，农历九月初九是重阳节，这些中国的传统节日你都知道吗？

글쎄, 우리 명절에는 전통 명절과 기념 명절, 그리고 특정 군중형 명절이 주로 있어.먼저 전통명절을 얘기하자면, 네가 방금 말한 춘절과 추석 외에도 시간의 순서에 따라 1월1일은 신정, 음력 1월 15일은 정월대보름, 4월 5일은 청명절, 5월 5일은 단오절, 음력 7월 15일은 중원인데 많은 사람들이 귀신 명절이라고 불러, 음력 9월 9일은 중양절이야. 이러한 중국의 전통 명절을 다 알아?

美英: 其实有些日子我是知道的，韩国也过节日，但是我还是不太了解，我要向你学习，也多去了解了解我的国家的节日才行呢！

사실 어떤 건 나도 알고 있어, 한국도 명절을 지내지만, 나는 아직 잘 몰라. 나는 너한테 배워서, 우리 나라의 명절에 대해서도 더 많이 알아야 겠어!

王鹏: 我觉得现在的韩国好像比较"西方化"。

지금의 한국은 비교적'서구화'된 것 같아.

美英: "西方化"？什么意思？

서구화? 무슨 뜻이야?

王鹏: 就是生活习惯上和西方国家，比如美国啊英国啊，更加接近一些。

그러니까 생활습관적으로 서양국가, 예를 들면 미국이라든가 영국이라든가 좀 더 가깝게 지낸다는 거야.

美英: 确实。但是我们的传统文化和节日也都还是保护得很好的。

맞아. 그렇지만 우리 전통문화와 명절도 잘 보호하고 있어.

王鹏: 我也看到很多你们国家的传统文化活动的报道呢，确实保护得也很好。

나 너희 나라의 전통문화 행사 보도를 많이 봤어. 확실히 잘 보호하고 있어.

美英: 说回节日吧，除了传统节日，还有别的节日吧？比如我知道"五四青年节"，真好啊，我们可以放假，哈哈！

다시 명절 이야기를 하자면, 전통 명절 말고도, 다른 명절이 있지? 예를 들어'5·4청년절'을 알고 있어. 정말 좋아, 우리는 휴가를 보낼 수 있어. 하하!

王鹏： 是的。像这样的特定人群型节日，我们还有妇女节、劳动节、教师节等等，一般都是与国际同步的。

맞아. 이렇게 특정인의 날에는 여성의 날, 근로자의 날, 스승의 날 등등은 보통 국제적으로 함께 가.

美英： 啊，是的，我还记得第一次在中国过教师节，发现原来我们很多节日都在不同的日子呢，韩国的教师节在五月十五日，中国的在九月十日对吧？

아, 맞아, 내가 처음 중국에서 스승의 날을 보낸 걸 기억하는데, 원래 우리의 많은 명절 모두 날짜가 달랐어. 한국의 스승의 날은 5월 15일이고, 중국의 날은 9월 10일이지?

王鹏： 是的。看来中韩两国的文化习俗真的差不多呢，只是节日的日子稍有不同，纪念习惯也有不一样吧。

응. 중한 양국의 문화 풍습이 정말 비슷한가 봐. 다만 명절의 날짜는 조금 다르고, 기념 관습도 좀 달라.

美英： 但是包含着的美好祝福都是一样的。

하지만 아름다운 축복이 담긴 건 똑같아.

王鹏： 你说的对。

네 말이 맞아.

我国的传统节日相关诗歌名句摘录

1. 除夕——农历十二月三十。除夕人们往往通宵不眠，叫做"守岁"。除夕这一天，家里家外不但要打扫得干干净净，还要贴门神、贴春联、贴年画、挂门笼，人们则换上带喜庆色彩和带图案的新衣。描写除夕的诗句有：

   除夜

   【宋】文天祥

   乾坤空落落，岁月去堂堂；

   末路惊风雨，穷边饱雪霜。

   命随年欲尽，身与世俱忘；

   无复屠苏梦，挑灯夜未央。

2. 春节——农历正月初一。春节习俗，一般以吃年糕、饺子、汤圆、大肉丸、全鱼、美酒、苹果、花生、瓜子、糖果、香茗及肴馔为主；并伴有掸扬尘、洗被褥、备年货、贴春联、贴年画（门神钟馗）、包饺子贴剪纸、贴窗花、贴福字、点蜡烛、点旺火、放鞭炮、给压岁钱、拜年、走亲戚、送年礼、上祖坟、逛花市、闹社火等众多活动，极尽天伦之乐。描写春节的诗句有：

   元日

   【宋】王安石

   爆竹声中一岁除，春风送暖入屠苏，

   千门万户曈曈日，总把新桃换旧符。

3. 元宵节——农历正月十五。正月是农历的元月，古人称其为"宵"，而十五日又是一年中第一个月圆之夜，所以称正月十五为元宵节。又称为小正月、元夕或灯节，是春节之后的第一个重要节日。中国幅员辽阔，历史悠久，所以关于元宵节的习俗在全国各地也不尽相同，其中吃元宵、赏花灯、舞龙、舞狮子等是元宵节几项重要民间习俗。描写元宵节的诗句有：

元夕

【宋】欧阳修

去年元夜时，花市灯如昼。

月到柳梢头，人约黄昏后。

今年元夜时，月与灯依旧。

不见去年人，泪湿春衫袖。

4. **清明节——农历三月初三。**清明节的习俗是丰富有趣的，除了讲究禁火、扫墓，还有踏青、荡秋千、踢蹴鞠、打马球、插柳等一系列风俗体育活动。描写清明节的诗句有：

清明

【唐】杜牧

清明时节雨纷纷，路上行人欲断魂。

借问酒家何处有，牧童遥指杏花村。

5. **端午节——农历五月初五。**这一天的活动现在逐渐演变为吃粽子、赛龙舟、挂菖蒲、蒿草、艾叶、薰苍术、白芷、喝雄黄酒、系百索子、做香角子、贴五毒、贴符、放黄烟子、吃十二红。描写端午节的诗句有：

端午

【唐】文秀

节分端午自谁言，万古传闻为屈原；

堪笑楚江空渺渺，不能洗得直臣冤。

6. **七夕节——农历七月初七。**七夕节是我国传统节日中最具浪漫色彩的一个节日，也是过去姑娘们最为重视的日子。在这一天晚上，妇女们穿针乞巧，祈祷福禄寿活动，礼拜七姐，仪式虔诚而隆重，陈列花果、女红，各式家具、用具都精美小巧、惹人喜爱。描写七夕节的诗句有：

七夕

【唐】罗隐

络角星河菇菇天，一家欢笑设红筵。

应倾谢女珠玑箧，尽写檀郎锦绣篇。

香帐簇成排窈窕，金针穿罢拜婵娟。

铜壶漏报天将晓，惆怅佳期又一年。

7. 中秋节——农历八月十五。中秋祭月，在我国是一种十分古老的习俗。赏月的风俗来源于祭月，严肃的祭祀变成轻松的欢娱。"民间拜月"则成为人们渴望团聚、康乐和幸福，以月寄情。设大香案，摆上月饼、西瓜、苹果、红枣、李子、葡萄等祭品，其中月饼和西瓜是绝对不能少的。描写中秋节的诗句有：

中秋月

【宋】苏轼

暮云收尽溢清寒，银汉无声转玉盘。

此生此夜不长好，明月明年何处看。

8.   重阳节——农历九月初九。重阳节有登高的习俗，金秋九月，天高气爽，这个季节登高远望可达到心旷神怡、健身祛病的目的。和登高相联系的有赏菊赋诗、插茱萸、吃重阳糕等风俗。描写重阳节的诗句有：

九月九日忆山东兄弟

【唐】王维

独在异乡为异客，每逢佳节倍思亲，

遥知兄弟登高处，遍插茱萸少一人。

第三课
제3과

中国是个多民族的大家
중국은 다민족의 대가족이다

生词

少数民族 shǎo shù mín zú	[명사]소수민족.
服饰 fú shì	[명사]의복과 장신구.
组成 zǔ chéng	[동사]구성하다. 조직하다.
鲜艳 xiān yàn	[형용사](색이) 산뜻하고 아름답다.
绣花 xiù huā	[동사]그림이나 도안을 수놓다.
背心 bèi xīn	[명사]조끼.
刺绣 cì xiù	[명사]자수.
蜡染 là rǎn	[동사]납염하다.
银饰 yín shì	[명사]은 장신구. 은 장식품.
地理环境 dì lǐ huán jìng	[명사]지리적 환경.
风俗 fēng sú	[명사]풍속.
歌圩 gē xū	중국 장족들이 모여 노래 부르는 전통 풍습.
观光 guān guāng	[동사]관광하다. 참관하다.
祈求 qí qiú	[동사]간절히 바라다. 기원하다.

耳环 ěr huán   [명사]귀고리.

手镯 shǒu zhuó   [명사]팔찌.

戒指 jiè zhi   [명사]반지.

尊贵 zūn guì   [형용사] 존귀하다.

能歌善舞 néng gē shàn wǔ   [성어]노래도 잘하고 춤도 잘 춘다. 다재다능하다.

消灾去病 xiāo zāi qù bìng   재앙을 없애고 병을 물리치다.

彝族 yí zú   [명사]이족.

那达慕大会 nà dá mù dà huì   나담 대회.

美英：昨天我在学校看了一场中国少数民族服饰表演，我都看呆了。那些衣服太美了！你看，我拍了这么多照片呢!

어제 나는 학교에서 중국 소수민족 의상 공연을 보았는데, 넋을 잃고 바라봤잖아. 그 옷들이 너무 아름다웠어! 봐봐, 내가 이렇게 많은 사진을 찍었어!

王鹏：确实很漂亮。那你知道他们都是中国的哪个民族吗？

참 아름답네. 그럼 그들 모두 중국 어느 민족인지 알아?

美英：这我可分不清楚了，我只觉得他们和我平时见到的中国人很不一样。

그건 모르겠어.그들은 내가 평소에 만났던 중국인과 다르다는 느낌을 받았어.

王鹏：中国是一个多民族的国家，一共有五十六个民族。

중국은 다민족 국가야. 모두 56개의 민족이 있어.

美英：有句话叫五十六个民族五十六朵花。

56개 민족 56송이의 꽃이라는 말이 있잖아.

王鹏： 对，五十六个民族五十六朵花，五十六个民族是一家。五十六个民族共同组成了中华民族这个大家庭。

맞아, 56개 민족 56송이의 꽃이니, 56개 민족이 한집이야. 56개 민족이 공동으로 중화민족이라는 대가족을 이루었어.

美英： 那为什么叫他们少数民族呢？

그러면 왜 그들을 소수민족이라고 불러?

王鹏： 在五十六个民族中，汉族人数是最多的，占全部人口的92%。所以，除了汉族以外，其它的民族就是少数民族，比如壮族、回族、蒙古族等，一共有55个少数民族。

56개 민족 중 한족이 전체의 92%로 가장 많아. 그래서 한족을 제외한 나머지 민족은 바로 소수민족, 예를 들면 장족, 회족, 몽골족 등 모두 55개의 소수민족이 있어.

美英： 少数民族的服装都是这么鲜艳和有特色吗？你看这张照片，这是哪个民族呢？

소수민족의 복장은 모두 이렇게 선명하고 특색이 있어? 이 사진을 봐봐, 이것은 어느 민족이야?

王鹏： 这是维吾尔族。维吾尔族妇女喜欢穿色彩艳丽的连衣裙，外面往往还套上一个漂亮的绣花背心。维吾尔族是一个爱花的民族，人们戴的是绣花帽，穿的是绣花衣，扎的是绣花巾，背的是绣花袋。

이것은 위구르족이야. 위구르족 여성들은 화려한 색상의 원피스를 즐겨 입는데, 그 위에 아름다운 자수 조끼를 입기도 해. 위구르족은 꽃을 좋아하는 민족으로, 사람들은 수놓은 모자를 쓰고, 자수 옷을 입고, 자수 두건을 묶고, 자수 가방을 메고 다녀.

美英: 那这张呢?

그럼 이 사진은?

王鹏: 这是苗族。你看，她们的服装上有刺绣、蜡染等，她们还特别喜欢戴各种银饰,比如银冠、项圈、披肩、项链、耳环、手镯、戒指等。还有，这是蒙古族人，他们穿的是蒙古袍。这是白族，他们崇尚白色，以白色为尊贵。

이것은 묘족이야. 봐, 그녀들의 옷에는 자수, 남염 등이 있어. 그녀들은 각종 은색 장신구 차는것을 좋아하는데, 예를 들면 은관, 목링, 망토, 목걸이, 귀걸이, 팔찌, 반지 등의 착용을 특히 좋아해. 그리고 이것은 몽골족이고, 그들은 몽고포를 입었어.그들은 백족이니 백색을 숭상하며 백색을 귀하게 여겨.

美英: 太奇特了! 我如果能记住她们服装的特点，以后只看服装就可以知道是哪个民族了。

너무 특이해! 내가 그녀들의 의상 특징을 기억한다면 앞으로 의상만 봐도 어느 민족인지 알 수 있을 거야.

王鹏: 对，由于地理环境、气候、风俗习惯、经济、文化等原因，经过长期的发展，中国55个少数民族的服装都有自己的民族特色。其实，不仅是服装，中国各个少数民族的民风民俗都和汉族不一样呢。

맞아. 지리적 환경, 기후, 풍속 습관, 경제, 문화 등의 이유로 오랜 기간 동안 중국 55개 소수민족의 복장은 모두 자신의 민족적 특색을 가지고 있어. 사실 의복 뿐만 아니라 중국 각 소수민족의 민풍과 민속은 모두 한족과 달라.

美英: 怎么不一样呢?

어떻게 달라?

王鹏： 就拿各个民族的节日来说吧，壮族人民喜欢唱歌，他们劳动时唱，休息时也会唱。他们还会定期举行唱山歌会，称为歌圩，其中，农历三月三的歌圩最为隆重，被称为壮族的"歌圩节"。

각 민족의 명절만 놓고 보자면, 장족 사람들은 노래를 좋아해서 노동할 때는 노래를 부르고, 쉴 때도 노래를 불러. 이들은 정기적으로 산노래 축제를 여는데, 가장이라하고, 그중에서도 음력 3월 3일이 가장 성대해서 장족의'가장 축제'로 불려.

美英： 我也喜欢听唱歌呀，那到哪儿可以看到壮族人唱歌呢？

나도 노래 듣는 것을 좋아하는데, 그럼 장족들이 노래하는 것을 어디서 볼 수 있을까?

王鹏： 壮族主要分布在广西壮族自治区，你有机会可以到那里去旅游观光。

장족은 주로 광시 장족 자치구에 분포되어 있는데, 기회가 있으면 그곳에 가서 관광을 할 수 있어.

美英： 还有哪些有意思的节日？

재미있는 명절은 또 뭐가 있어?

王鹏： 如果你到云南，就可以了解傣族人民的生活了。傣族人民能歌善舞，最有特色的是"孔雀舞"。傣族最隆重的节日是"泼水节"，泼水节期间人们相互泼水，有消灾去病、祈求幸福吉祥的含义。

만약 네가 윈난에 간다면 태족 사람들의 생활을 이해할 수 있을 거야. 태족 사람들은 노래를 잘 부르고, 춤을 잘 추는데 가장 특색이 있는 것은'공작춤'이야. 태족의 가장 성대한 축제는'살수절'로, 살수절에 사람들이 서로 물을 뿌리는 것은 재앙을 없애고 병을 물리치고, 행복을 기원하는 의미가 있어.

美英: 以前我只知道中国的春节、元宵节，不知道少数民族的节日这么有趣。

예전에 나는 중국의 춘절, 정월대보름만 알았지 소수민족의 명절이 이렇게 재미있는지 몰랐어.

王鹏: 另外，还有彝族的火把节，蒙古族的那达慕大会等等，说也说不完呢!

또한 이족의 횃불 축제, 몽골족의 나담 대회 등등은 말할 것도 없어!

美英: 太有意思了，以后如果有机会，你一定要给我当向导，我们到少数民族地区去观光体验，好吗?

너무 재밌어. 나중에 기회가 된다면, 네가 꼭 안내해서 우리 소수 민족 지역에 가서 관광하고 체험하는 거 어때?

王鹏: 好啊，一言为定!

좋아, 꼭 그렇게 하기로 결정하자!

1、中国56个民族名称大全

中国56个民族包括：汉族、蒙古族、回族、藏族、维吾尔族、苗族、彝族、壮族、布依族、朝鲜族、满族、侗族、瑶族、白族、土家族、哈尼族、哈萨克族、傣族、黎族、傈僳族、佤族、畲族、高山族、拉祜族、水族、东乡族、纳西族、景颇族、柯尔克孜族、土族、达斡尔族、仫佬族、羌族、布朗族、撒拉族、毛南族、仡佬族、锡伯族、阿昌族、普米族、塔吉克族、怒族、乌孜别克族、俄罗斯族、鄂温克族、德昂族、保安族、裕固族、京族、塔塔尔族、独龙族、鄂伦春族、赫哲族、门巴族、珞巴族、基诺族。

2、中国民族状况：中国共有56个民族，是一个统一的多民族社会主义国家。其中汉族人口最多，占92%。其他55个民族被称为少数民族，其中壮族人口最多，有1500多万人。超过400万的少数民族还有：满、回、苗、维吾尔、藏、彝、土家、蒙古族等。少数民族的地区分布状况：汉族的分布遍及全国，主要集中在东部和中部；少数民族多分布在西南、西北和东北等边疆地区。云南省是我国少数民族最多的省份。

3、民族政策：中国实行平等、团结、互助的民族政策，各民族不论大小，一律平等。国家尊重少数民族的文化、风俗习惯、宗教信仰等，在少数民族聚居的地区实行民族区域自治（如自治区、自治州、自治县、民族乡等）的政策。国家根据各少数民族的特点和需要，帮助各少数民族加快发展本地区的经济、文化和各项社会事业。

第四课
제4과

中国的婚礼文化
중국의 혼례 문화

生词

婚纱照 hūn shā zhào		[명사]결혼 사진. 웨딩 사진.
亲眼 qīn yǎn		[부사]제 눈으로. 직접.
出嫁 chū jià		[동사]시집가다.
西式婚礼 xī shì hūn lǐ		서양식 혼례.
接亲 jiē qīn	[동사](신랑이 신부집에 가서) 신부를 맞이하다. 장가를 들다.	
伴郎团 bàn láng tuán		신랑의 들러리.
新娘姐妹团 xīn niáng jiě mèi tuán		신부자매단.
堵门 dǔ mén		[동사]문을 가로막다.
把握 bǎ wò		[동사]잡다. 쥐다.
拖沓 tuō tà		[형용사](일처리가) 질질 끌다. 꾸물꾸물하다.
吉时 jí shí		[명사]길시. 좋은 때.
敬茶 jìng chá		[동사]차를 권하다.
新人 xīn rén		[명사]신랑 신부.
伤感 shāng gǎn		[동사]슬퍼하다. 상심하다.

组建 zǔ jiàn	[동사]조직하다. 편성하다.
礼堂 lǐ táng	[명사]식장.
礼节 lǐ jié	[명사]예절.
热场 rè chǎng	[동사]분위기를 띄우다.
宣读誓言 xuān dú shì yán	맹세문을 낭독하다.
致辞 zhì cí	[동사](의식 또는 집회에서) 축사를 하다.
席位 xí wèi	[명사]좌석. 자리.
敬酒服 jìng jiǔ fú	술을 권할때 입는 예복.
花轿 huā jiào	[명사]꽃가마.
邪气 xié qì	[명사]사기. 옳지 않은 기풍.
繁文缛节 fán wén rù jié	[성어]번잡하고 불필요한 예절. 허례허식.

对话

美英: 你怎么看起来不太开心的样子啊?

너는 왜 그다지 즐거워 보이지 않아?

王鹏: 我表姐明天要办婚礼了，可是我家乡太远了，回去很不方便。唉!

我小时候表姐总是带我出去玩，给我买好吃的，我们感情挺不错的。

우리 사촌누나가 내일 결혼식을 하는데, 고향이 너무 멀어서 돌아가기가 매우

불편해. 아! 내가 어렸을 때 사촌 누나가 항상 나를 데리고 놀러가고, 맛있는

것도 사주고, 우리는 사이가 매우 좋았어.

美英: 那没办法参加是挺可惜的。

참석할 수 없어서 매우 아쉽겠네.

王鹏： 我表姐的婚纱照拍得可漂亮了，婚礼肯定也会很漂亮的，真想亲眼看着她出嫁呀。

우리 사촌 누나의 웨딩 사진도 정말 예뻐서 결혼식에서도 정말 예쁠 텐데, 시집가는 모습을 직접 보고 싶어.

美英： 哇！能给我看看你表姐的婚纱照吗？

와! 사촌누나 웨딩사진 보여줄 수 있어?

王鹏： 当然可以。可漂亮了。

당연하지. 정말 예뻐.

美英： 哇！真的好漂亮呀！红色这种的我只在电视剧里见过呢，我还以为现在大多数人都是西式婚礼了呢。

와! 정말 예쁘다! 빨강 이런 종류는 드라마에서만 봤는데, 요즘은 서양식 결혼식이 대부분인 줄 알았어.

王鹏： 现在大多数的中国人都是中式和西式结合着举办婚礼的。

현재 대다수의 중국인이 중국식과 서양식을 결합해 결혼식을 올리고 있어.

美英： 结合？怎么举办的呀？

결합? 어떻게 하는 거야?

王鹏： 大部分的婚礼都是从早上就开始了，传统的"接亲"是一直传承了下来的。新娘一般都会在5点左右就起床，洗漱吃早餐，然后等待化妆。

대부분의 결혼식은 아침부터 시작됐고, 전통적으로 신랑이 신부집에 가서 신부를 맞이하는 것이 이어져 왔어. 신부는 보통 5시쯤 일어나 씻고, 아침식사를 한 뒤 메이크업을 기다려.

美英： 起得真早啊！不过会有很多女孩子当天根本没睡着吧？人生的"大日子"呀！那么化完妆以后呢？

엄청 일찍 일어나네! 근데 아마 그날 잠을 못 자는 여자아이들이 많겠지? 인생의 "큰 날"이여서! 그렇다면 메이크업을 마친 후에는?

王鹏： 9:00左右新郎及伴郎团就会出发接亲了,9:00新娘姐妹团做好接亲准备9:30–10:00接亲,接亲时进行堵门等游戏。

9시 정도에 신랑 및 들러리가 신부를 맞이하려고 출발을 하고, 9시에 신부 자매단은 9:30-10:00시에 신부 맞이를 준비를 하고, 신부를 맞이하려고 할 때 문을 가로막는 등의 게임을 진행해.

美英： 堵门游戏？

문을 가로막는 게임?

王鹏： 一般就是伴娘会跟新郎要红包，满意了才给新郎开门，或者把新娘的鞋子藏起来，让新郎去找，还有的会让几个人穿的和新娘一样，让新郎猜一猜，哪个才是他的真新娘。

보통 들러리들이 신랑에게 홍바오를 달라고 해서 마음에 들면 문을 열어주거나, 신부의 신발을 숨겨서 신랑 보고 찾게 하거나, 신부와 똑같이 여러 명이 입고, 누가 진짜 신부인지 맞추게 해.

美英： 还挺有意思的，哈哈。自己的新娘不会猜错吧？

재미있네. 하하. 본인 신부를 잘못 짚는 건 아니지?

王鹏： 那我就不知道了，我也只是听说过，不过既然会让新郎猜，肯定会想办法给新郎出难题的。

그건 모르겠어. 나도 듣긴 들었지만, 하지만 어차피 신랑이 맞힐 바에는 방법을 생각해서 신랑에게 어려운 문제를 낼거야.

美英: 好吧，新郎娶个媳妇儿也不容易呀，哈哈！

그래, 신랑이 장가가는 것도 쉽지 않아. 하하!

王鹏: 闹一闹，比较热闹嘛！但是时间也要把握好，避免时间拖沓影响婚礼的吉时。在离开新娘的家之前，新郎还要给新娘的父母敬茶，新娘的父母也会给新郎红包，希望新人可以永远恩爱幸福。

까불고, 비교적 시끌벅적하잖아! 하지만 결혼식 길시에 지장을 주지 않도록 시간 조절은 잘 해야해. 신부의 집을 떠나기 전에 신랑은 또 신부의 부모에게 차를 권해야 하고, 신부의 부모님도 신랑에게 홍바오를 줘. 여기에는 신랑 신부가 영원히 사랑하고 행복하길 바라는 마음이 담겨져 있어.

美英: 忽然就觉得有些伤感了，新娘要离开父母，组建自己的家庭了。

갑자기 신부는 부모님을 떠나 자신의 가정을 꾸려야 한다는게 슬픈 것 같아.

王鹏: 是啊。所以一定要过得幸福，父母才能放心。

그래 .그래서 꼭 행복해야 부모님이 안심하실 수 있어.

美英: 是的。我相信你的表姐一定会很幸福的。

맞아. 너의 사촌 누나가 정말 행복할 거라 믿어.

王鹏: 谢谢你，美英。

고마워, 미영아.

美英: 这有啥可谢的？这是肯定的呀！那么接下来呢？新郎新娘就出发去婚礼的礼堂了吗？

이게 고마울 게 뭐가 있어? 이것은 확실한 거야! 그럼 이제 신랑신부는 결혼식장으로 출발하는거야?

王鹏: 根据中国的习俗，都是新郎新娘坐着婚车去他们的婚房。对了，新娘从父母家到婚车上，一般是由新娘的亲戚背下楼，并安置在婚车车队的头车中，从婚车到他们的婚房，则是由新郎背着新娘前往。到达婚房后，新娘则要给新郎的父母敬茶，新郎的父母会给新娘红包以示礼节。

중국 풍습에 따르면 신랑 신부가 웨딩카를 타고 신혼집에 가. 참, 신부는 부모님 집에서 웨딩카까지 신부의 친척이 업고 내려가 웨딩카 행렬의 첫차에 태우고, 웨딩카부터 신혼집까지 신랑이 신부를 업고 가. 신혼집에 도착하면 신부는 신랑의 부모에게 차를 권하고, 신랑의 부모는 신부에게 홍바오를 주며 예절을 차려.

美英: 原来如此。

그렇구나.

王鹏: 接下来就要前往婚礼举行的酒店准备婚礼了，中国人很少在礼堂举行婚礼的，一般都直接在酒店举行，相信韩国也有这样的吧？

이제 결혼식이 열리는 호텔로 가서 결혼식을 준비해야 하는데, 중국인들은 예식장에서 결혼식을 올리는 경우는 드물고, 보통 호텔에서 해. 한국에도 이렇게 하는게 있지?

美英: 嗯，在酒店举行的话，估计韩国和中国都是差不多的过程吧。

응, 호텔에서 하면 한국과 중국 모두 비슷한 과정이었을 거야.

王鹏： 应该是的。提早一些到酒店做好准备，大部分新娘都会换上白色婚纱，就开始迎接宾客了，然后在12:00-12:30婚礼的仪式正式开始,中国结婚比较讲求吉利,通常都会选取带有8数字的时间作为吉时。接下来就是婚礼仪式了。

그럴 거야. 일찍 호텔에 도착하여 준비를 하고, 대부분의 신부들은 흰색 웨딩 드레스로 갈아입고 하객을 맞이하기 시작해. 그리고 12:00-12:30 결혼식이 본격적으로 시작되는데, 중국 혼례는 비교적 행운을 추구해서, 보통 다 8숫자의 시간을 길시로 택할 수 있어. 다음은 결혼식이야.

美英： 这个让我来说，主持人先进行热场,并欢迎各位来宾，接下来就是新郎出场、新郎出场后，新娘的父亲将陪同新娘一起出场，将女儿的手缓缓的到新郎的手上，新郎迎接新娘，二人手挽着手一同走向婚礼的舞台。两人宣读誓言并交换戒指进行深情的亲吻，再由新人们的父母上台致辞。对吗?

이건 내가 말할게. 사회자가 먼저 분위기를 띄우고, 하객들을 환영하고, 그다음에 신랑이 입장하고, 신랑 입장 후에 신부의 아버지가 신부와 함께 입장을 해서 신랑의 손에 딸의 손을 천천히 얹고, 신랑이 신부를 맞이하고, 두 사람이 손을 잡고 함께 결혼식 무대로 향하게 돼. 두 사람은 맹세문을 낭독하고, 반지를 교환하며, 진한 입맞춤을 나눈 뒤 신랑 신부 부모님들이 올라가서 축사를 해. 맞아?

王鹏： 韩国也是这样吗?

한국도 이렇게 해?

美英： 这就是你说的中式和西式结合的西式了吧？韩国的现代婚礼也是这样的。

이것이 바로 네가 말한 중국식과 서양식이 결합된 서양식이지? 한국의 현대결혼식도 마찬가지야.

王鹏： 嗯，是的。

응, 맞아.

美英： 然后呢？宾客们去餐厅吃自助餐吗？

그래서? 하객들은 뷔페를 먹으러 식당에 가?

王鹏： 有些婚礼是自助餐的形式，但是大部分的婚礼都是宴席，宾客直接入场就坐在了指定的席位，婚礼仪式结束后，酒店开席上菜，新人可短暂的休息一会，换上敬酒服后回场开始敬酒。

어떤 결혼식은 뷔페식이지만, 대부분의 결혼식은 연회석이라 하객들이 바로 입장해서 지정된 자리에 앉고, 결혼식이 끝난 후 호텔에서 음식을 내올 때, 신랑 신부는 잠시 쉬었다가 예복으로 갈아입고 돌아와 술을 권하기 시작해.

美英： 敬酒服？

예복?

王鹏： 是的，新人会在伴郎和伴娘的陪同下向每一桌的宾客敬酒，感谢他们参加婚礼和送来的祝福。穿着婚纱敬酒不是很不方便吗？所以新娘都会准备得体漂亮的衣服当做敬酒服。

응, 신랑 신부는 들러리와 함께 결혼식에 참석하고 축하해주신 분들에게 축하 인사를 건네며 한 테이블에 앉은 하객분들에게 술을 권할 수 있어. 웨딩드레스를 입고 술을 권하는 것이 매우 불편하지 않겠어? 그래서 신부들은 아름다운 옷을 예복으로 준비해.

美英: 原来如此！很有意思。我还看到中国的古装戏里面演的"拜天地"什么的，现在也还在做吗？

그렇구나! 매우 재미있네. 중국의 사극에서 나오는 신랑 신부가 대례를 치를 때 천지 신령께 절을 하는 것도 봤는데 , 지금도 하고 있어?

王鹏: 这是中国的传统的婚礼里的礼节。现在的人已经很少这么做的了。

이것은 중국의 전통 혼례에 있어서의 예의범절이야. 요즘 사람들은 이미 이렇게 하는 일이 거의 없어.

美英: 那以前的中国是怎么举行婚礼的呢？

예전 중국에서는 어떻게 결혼식을 올렸어?

王鹏: 以前也是新娘早起准备，等待新郎来接亲，然后新娘是坐花轿到新郎的家里的。

예전에도 신부는 일찍 일어나 준비를 하고 신랑이 데리러 오기를 기다렸다가 신부는 꽃가마를 타고 신랑 집에 도착했어.

美英: 啊！我在电视剧里看见过花轿，很好看！

아! 나 드라마에서 꽃가마를 봤는데, 너무 예뻤어!

王鹏: 按照中国传统婚礼的婚礼习俗来说，新娘子下轿之前，新郎要在堂前对着花轿连射三箭，驱赶一路上带来的邪气，这就是中国传统民俗婚礼中的三箭定乾坤。然后，新娘头戴红盖头，由两个全福太太搀着，怀里抱着瓶、花等，来到新郎家大门口。大门口放着一块捭布石，石上放一马鞍，鞍上放一串制钱，新娘要从上面迈过去，寓意"前进平安"。当新娘前脚迈入门槛，后脚抬起还没有落下的时候，这时由全福人把马鞍抽掉，寓意"烈女不嫁二夫，好马不配双鞍"。

중국 전통 혼례의 예식 관습에 따르면, 신부가 가마에서 내리기 전, 신랑은 정방 앞에서 꽃가마를 향해 세 발의 화살을 연달아 쏘며 길을 따라온 사악한 기풍을 몰아내.이것이 중국 전통 민속 혼례에서 세 발의 화살로 건과 곤을 결정하는 거야. 그런 후, 신부는 빨간 덮개를 머리에 쓰고, 두 명의 행복한 부인이 도와서 품에 병과 꽃 등을 안고 신랑집 대문 앞으로 가는 거야. 대문 앞에는 다듬잇돌, 돌 위에는 말안장, 안장 위에는 돈다발을 놓고, 신부는 그 위로 걸어가는데, "앞으로 평안하기를 바란다"는 것을 의미해. 신부가 문지방에 발을 디디고, 뒷발을 들고 내딛기 전에 복이 많은 부인이 말안장을 빼내는데, "열녀는 두 남편을 섬기지 않고, 좋은 말은 두 안장과 어울리지 않는다"라는 뜻이야.

美英: 电视里还有火盆呢。

텔레비전에는 화로가 있던데.

王鹏: 别着急啊，我正要说呢。新郎家二门口要放一个火盆，新娘迈过去，象征以后的生活红火、旺盛。在新娘过马鞍、迈火盆的同时有的地方新娘子要踩瓦，破"房煞"。在新娘向院内走时，一路有人向其身上撒五谷杂粮、彩色纸屑、草节、麸子、栗子、枣、花生等，目的在于驱邪。

조급해 하지 마, 내가 막 말하려던 참이야. 신랑집 두 번째 문 앞에 화로를 놓고, 신부가 건너가는 것은 앞으로의 생활이 번성하고, 왕성함을 상징해. 신부가 말안장을 건너고, 화로 내딛는 동안 어떤 지역에서는 신부가 기와를 밟아서"방에 악귀"를 깨야해. 신부가 마당으로 향할 때 오곡 잡곡, 채색 종이 조각, 초, 밀기울, 밤, 대추, 땅콩 등을 몸에 뿌리는데, 목적은 악귀를 내쫓는 거야.

美英: 比电视剧里演的还要复杂呢。

드라마보다 더 복잡하네.

王鹏: 虽然说传统婚礼繁文缛节比较多、流程相对比较繁琐，但是这样的形式也会留给大家非常深刻的印象。

전통혼례를 말하자면 번거롭고 불필요한 의식이 비교적 많고, 절차도 좀 까다롭지만, 이런 형식도 사람들에게 매우 깊은 인상을 줄 거야.

美英: 最重要的是一对新人过得幸福。

가장 중요한 것은 신랑 신부가 행복하게 사는 거야.

王鹏: 你说的对。我一会儿给我表姐打个电话，她明天一定是最美的新娘!

네 말이 맞아. 내가 잠시 후에 사촌 누나에게 전화를 걸면, 그녀는 내일 틀림없이 가장 아름다운 신부일 거야!

中国婚礼文化发展史

我们平常所说的中式婚礼其实是一个相对比较笼统的概念，中华上下五千年，有着不可超越的历史文化。随着朝代的变更，掌握历史的民族特性等各方面原因，婚礼习俗在各个朝代也会有不同的特性，今天我们所说的古代婚礼大都是明清时期的，所谓"凤冠霞帔，大红喜服"，成为了婚礼最具象征意义的表征。下面就给大家列出一些在历史上有重大影响朝代的婚礼观念。

中国古代婚姻制度的奠定者是周朝，当时的婚姻制度属于"礼"制的一部分，他们制定的三大婚姻原则：父母之命、媒妁之言、同姓不婚。周代还设有官媒，专司判合之事。结婚遵循"六礼"程序、离婚遵守"三不去"和"七去"的原则。就结婚制度的"六礼"来说，分为纳彩、问名、纳吉、纳征、请期、亲迎六个程序。其中，亲迎更为复杂，根据《礼记》的记载，要求男方先到女方的家庙拜祭其祖先，然后再用车接女方到男家，要举行夫妇同器共餐、饮交杯酒等仪式，才算完成结婚之礼。另外还有"结发为夫妻"的说法，也都是从周朝开始的。这些制度和习俗的形成，历经多少朝代后，还一直流传至今。

汉代人把婚礼看成是一件很庄严肃穆的事情，如同看待国家之间歃血为盟，兄弟之间结拜为盟，婚约就是一场盟誓。破坏这种应当永恒的约定，要受到起码是道义的惩罚，因此盟誓有咒语的性质。汉人以人法天，自然界的万物，乃是天阳、地阴所化生。男女则是社会的阴阳两极，是人类的渊源，是一切伦理的起点。完整的婚礼习俗包括了婚前礼（纳采→问名→纳吉→纳征→请期）；正婚礼（亲迎→妇至成礼→合卺→餕余设袵）；婚后礼，也叫成妇礼（妇见舅姑→舅姑醴妇→妇馈舅姑）。从一些文学作品中来看，汉代人婚礼是用青布幔搭成帐篷，举行交拜之礼。《世说新语．假谲》篇记载："魏武少时，尝与袁绍好为游侠。观人新婚，因潜入主人园中，夜叫呼云：'有偷儿贼！'青庐中人皆出观。魏武乃入，抽刃劫新妇。"另外，礼服的颜色是玄黑色和纁黄色的婚礼服。同时也有了闹洞房的习俗，但是起初的意思是为了驱邪。

　　唐朝是中国历史上极盛的一个时代，无论从服装还是人的观念上来看都更为开放，婚礼习俗方面比前朝有简略的趋势，但是仍然遵从沿袭下来的制度，大体上婚礼包括六个步骤，即纳采、问名、纳吉、纳征、请期、亲迎，称"六礼"。　唐纳征纳之物有合欢、嘉禾、阿胶、九子蒲、朱苇、双石、绵絮、长命缕、干漆等，各有不同的寓意。新娘到了新郎家后，父母以下的人都要从小门出去，再从大门回来，其意是要踏新娘的足迹。在唐代，新妇不仅要拜公婆和丈夫的尊长，而且还要拜观礼的宾客，称为"拜客"。也有闹洞房的习俗，唐代称之为"戏妇"，然后新婚夫妻进入新房（新郎是倒着走进新房的）共饮合欢酒，后世称"交杯酒"。　新娘在亲迎过程中都会使用遮盖物，或帷帽，或皂罗，或扇子，统称为"盖头"。唐代妇女结婚常用纨扇和折扇两种，故洞房定情，古语美称为"却扇"。"钗钿礼衣"这个词算是唐朝婚服的最好阐释，华丽精致是主调，色调方面呈现男服绯红，女服青绿。

　　宋朝的婚礼在唐朝的基础上出现了一些新的习俗，由于商品经济比较发达，在议婚时，开始出现了相媳妇和通资财的做法。相媳妇就是相亲，由男女双方约定一个日期，双方见面，如果相中就在女子的发髻上插上金钗，成称为"插钗"，如果不中意，则要送上彩缎，称为"压惊"。　迎亲时，新郎领着花车或花轿来到女家，花轿迎亲由此开始。新娘上轿后还有讨吉利钱要喜酒吃的习俗。来到男方的家门口，新娘下来，有"撒谷豆"求吉利的做法。新娘入堂后又有"拜堂"活动。新婚夫妇手牵"同心结"，宋代称为"牵巾"。新人牵巾先拜天地、祖先，然后进入洞房，夫妻交拜。交拜后新人坐在床上，行"撒帐"、"合髻"之仪。合髻就是新婚夫妇各剪一缕头发，结成同心结的样子，作为婚礼的信物。此后还有除花、却扇的仪式，直到灭烛为止。在灭烛的这一段时间里，前来的宾客无论老幼都可以恶作剧，刁难新人，这就是我们现在"闹洞房"的前身。第二天早上，新婚夫妇拜过公婆，婚礼才算结束。

　　由于元朝是一个少数民族掌权中国的时代，统治阶层出身广阔的蒙古草原，婚礼当然也就不可避免的拥有了这个少数民族的某些特性。总的来说，统治阶级也是延续了前朝既定的制度来进行管理的，"人伦之道，始于夫妇，夫妇之本，正自婚姻"这句话算是元代人对婚姻的看法，是中国婚姻观在元代的表现。不过值得一提的是，元代蒙古族形成的一夫一妻制度在这个时代也有一定的表现。由于民族宗教信仰等问题，汉人女子嫁少数民族的多，而汉人娶少数民族的少，蒙古贵族禁止与汉族通婚。

明朝由于商品经济的发展，婚礼习俗方面也有了新的变化。凤冠霞帔和九品官服是明朝的标准婚服。方雇花轿，下午吹打弹唱至女方家抬新娘，女方家以"三道茶"招待。同时女方家中人要用镜子向花轿内上下前后照一遍。再点燃爆竹一小挂，置于轿内，谓之"搜轿"，以赶走轿内可能躲着的妖魔鬼怪。接着新娘换上新鞋，由喜娘携扶或由哥哥、弟弟背上轿。花轿出发时，燃放鞭爆，新郎头戴状元帽，身着龙凤大红袍，腰挎大红花迎娶新娘上轿。这个流程似乎就开始很眼熟了吧，古装电视剧里面的迎亲大都参照就是这个时代的婚礼。

清朝的婚礼大体上是明朝婚礼的沿袭，清朝政府在前期采取了很多比较开明的政策，所以民间许多前朝文化大都被保留下来，民间婚礼习俗大都和明朝时代一样。但是对于统治阶层就有不一样的地方。据清朝政府的规定：公、侯、伯成婚的纳采礼，缎衣五袭，缎衾褥三具，金约领一具，金簪王枝，金耳饰全副，一品官纳采礼，缎衣四袭，其余同侯伯；二、三品官纳采礼，缎衣三袭，缎衾褥二具，余与一晶官同，四品官以下至九晶官的纳采礼，缎衣二袭，缎衾褥一具，金约领一具，金耳饰全副。那么皇帝大婚，自然是不能算在其中的，过程之复杂度非比一般了。但是结婚当天要吹锣打鼓鞭炮声声八抬大轿以至于整条街都知道的习惯还是广为大众所支持赞同的，慢慢的就这么延续到现在，以至于我们一提起古代婚礼脑海中就浮现了凤冠霞帔，大红的颜色等等。不过用红色来代表喜事是我们中国人的传统，如果融入现代创新元素，将更能为广大年轻人所接受。

第五章
第5과

中国的葬礼文化
중국의 장례 문화

生词

伤感 shāng gǎn		[동사]슬퍼하다. 상심하다.
葬礼 zàng lǐ		[명사]장례. 장례식.
送终 sòng zhōng	[동사](부모나 연장자의)임종을 지키다. 장례를 치르다.	
孝心 xiào xīn		[명사]효심.
敲锣打鼓 qiāo luó dǎ gǔ		[성어]북과 징을 치다. 시끌벅적하다.
仪式 yí shì		[명사]의식.
程序 chéng xù		[명사]순서. 절차.
吊唁 diào yàn		[동사]조문하다. 애도의 뜻을 표시하다.
哀悼 āi dào		[동사]애도하다. 추도하다.
庄重 zhuāng zhòng		[형용사](언행이) 장중하다. 정중하다.
携带 xié dài		[동사]지니다. 지참하다.
花圈 huā quān		[명사](애도의)화환.
遗体 yí tǐ		[명사](존경하는 사람의) 시체. 시신.
棺材 guān cai		[명사]관.

土葬 tǔ zàng   [명사]매장. 토장.

火葬 huǒ zàng   [동사]화장하다.

守孝 shǒu xiào

[동사]부모의 상을 입었을 때, 복을 벗기 전까지 오락과 교제를 끊고 애도를 표시하다.

祭祀 jì sì   [동사]제사 지내다.

扫墓 sǎo mù   [동사]성묘하다.

祭祖 jì zǔ   [동사]조상에게 제사 지내다.

对话

美英: 王鹏，最近怎么没见你？是不是有什么事呀？

왕펑, 요즘 왜 안 보였어? 무슨 일 있는 거 아니지?

王鹏: 前几天我请假回了一趟故乡，因为我的一位小学老师突然去世了，我回去参加了他的葬礼。

며칠 전에 휴가를 내서 고향에 다녀왔는데, 나의 초등학교 선생님이 갑자기 돌아가셔서 돌아가서 그의 장례식에 참석했어.

美英: 是吗？那你一定很伤心吧，别太难过了。

그래? 그럼 속상하겠구나. 너무 슬퍼하지 마.

王鹏: 确实挺伤感的，因为他是一位非常令人尊敬的好老师，我们当年上学时一个班的同学几乎都回去参加了他的葬礼。

정말 매우 슬퍼. 그가 존경받는 좋은 선생님이었기 때문에, 우리가 학교 다닐 때 한 반이었던 친구들은 거의 다 선생님의 장례식에 참석했어.

美英: 他的子女和亲人都在吗？参加葬礼的人一定很多吧？

그의 자녀와 친지들은 모두 계셔? 장례식에 참석하시는 분들 많으시지?

王鹏: 是的，他的子女一直守护在他的身边，直到他去世。在中国人的心目中，丧葬礼是最重要的大事之一。为去世的亲人送终并举办葬礼，是人们表达孝心的一种方式，是中国的传统习俗。

응, 그의 자녀들이 돌아가실 때까지 곁을 지켜줬어. 중국인의 마음에서 장례식은 가장 중요한 대사 중의 하나야. 돌아가신 가족을 위해 장례를 치르는 것은 효심을 표현하는 방식이며, 중국의 전통 관습이야.

美英: 我知道中国人是很重视亲情的，我从中国的电影和电视剧里看到过，中国人的葬礼都有长长的队伍，而且还敲锣打鼓什么的，好像有很多仪式。

난 중국인들은 혈육 간의 정을 중시한다는 것을 알고 있어. 중국 영화나 드라마에서 봤는데 중국인들의 장례식에는 긴 행렬이 있고, 징을 치고 북을 울리는 그런 많은 의식이 있는 것 같아.

王鹏: 是的，中国传统的丧葬礼程序是比较多的，比如在亲人去世后，要先穿好寿衣，人死之后，屋内的陈设都要换成白布或者白纸，门外也要贴上白纸，亲友都要前去吊唁，表达对死者的哀悼。之后，还有一系列的仪式，直到给亲人下葬。

맞아, 중국의 전통적인 장례절차는 비교적 많아. 예를 들어, 직계 친족이 돌아가시면 먼저 수의를 입고, 사람이 죽고 나면 집안 내부를 모두 백포나 백지로 바꾸고, 문밖에도 백지를 붙이고, 친지들은 조문을 하며 고인에 대한 애도의 뜻을 표해. 그 이후에 직계 친족을 매장을 할 때까지 일련의 의식이 있어.

美英： 那人们如果去参加吊唁的时候，一般都需要注意哪些事项呢？我也想了解一点这方面的常识。

그렇다면 사람들이 조문하러 갈 때 일반적으로 주의해야 할 사항은 무엇이야? 나도 이 방면의 상식을 좀 알고 싶어.

王鹏： 参加葬礼或吊唁活动时，各地的风俗也会有区别。一般来说，男女都要穿黑、蓝等深色服装，佩戴白花，态度和表情要严肃、庄重。另外，一般都要携带礼品或礼金。礼金要用白色或素色纸封套包好，礼品可以选择花圈或花篮等。

장례식이나 조문에도 각 지역의 풍습이 다를 수 있어. 일반적으로 남녀 모두 검은색,남색 등 짙은 색 의상에 흰 꽃을 달고, 태도와 표정은 엄숙하고 정중해야 해. 또 선물이나 부조금을 지참해야 해. 부조금은 흰색 또는 수수한 색깔의 종이 커버로 싸야 하며 선물은 화환이나 꽃바구니 등을 고를 수 있어.

美英： 中国人去世后会安葬在哪里呢？

중국인은 사망한 후에 어디에 안장해?

王鹏： 中国人常讲"入土为安"。过去，人死后将他的遗体放入棺材中，然后安置在土地里，就是土葬。但是现在，不管在城市还是农村，更多的方式是火葬。不过在一些少数民族地区，也有树葬、天葬等方式。

중국인들은 늘 "묻혀서 평안을 얻다"고 말해. 과거에는 사람이 죽으면 그의 시신을 관에 넣어 땅에 안치하는 토장이었어. 하지만 지금은 도시든 농촌이든 화장 방식이 더 많아. 하지만 일부 소수민족 지역에서는 수목장, 조장 등의 방식도 있어.

美英： 那在亲人下葬之后，是不是就结束了？以后还有其它仪式吗？

그러면 매장을 하고 나면 끝이지? 후에 또 다른 의식이 있어?

王鹏： 丧葬礼结束以后，还有很多后续的活动。通常丧家要守孝一段时间。人死后的七天要举行"做七"仪式，每逢七天一次，"七七"四十九天结束。守孝期过后，逢年过节，要在先人的神位之前祭祀。到了清明节，家家户户都要到郊外去祭扫祖先的坟墓，为坟墓除去杂草，添加新土，在坟前点上香，摆上食物和纸钱，表示对祖先的思念和敬意。这叫上坟，也叫扫墓。

장례식이 끝난 뒤에도 후속 행사는 많아. 보통 상갓집에서는 한동안 부모의 상을 입었을 때, 복을 벗기 전까지 오락과 교제를 끊고 애도를 표시를 해. 사후 7일간은 "재칠을 지내"는 것을 하는데, 7일마다 한 번씩 하는데, "칠칠일"49일에 끝나. 부모의 상을 입었을 때, 복을 벗기 전까지 오락과 교제를 끊고 애도를 표시하는 기간이 지나고, 명절이 되면 선조의 신주에 앞서 제사를 지내. 청명절이 되면 집집마다 교외로 나가 조상의 묘를 성묘하고, 무덤에 잡초를 제거하고, 새 흙을 더하고, 무덤 앞에 향을 피우고, 음식과 종이돈을 차려 조상에 대한 그리움과 경의를 표해. 이것을 성묘라고 해.

美英： 我想起来了，我学过这样一首唐诗：清明时节雨纷纷，路上行人欲断魂；借问酒家何处有，牧童遥指杏花村。

생각나는게 있는데, 나는 이런 당시를 배운적이 있어. 청명 절기에 비가 부슬부슬 내리니, 길을 걸어가는 행인의 마음은 심난하네. 근처 묵어갈 곳 어딘지 물어보니, 목동이 손들어 살구꽃 마을 가리키네.

王鹏: 你读的太好了。这首诗写的就是清明节的时候，人们扫墓祭祖，思念亲人的心情。通过读诗，你也可以慢慢理解其中包含的中国传统文化和民俗。

정말 잘 읽는다. 이 시는 청명절에 사람들이 조상님께 제사를 지내며 가족을 그리워하는 마음을 담은 거야. 시를 읽으면서 너도 그 안에 담긴 중국 전통문화와 민속을 천천히 이해할 수 있을 거야.

美英: 我理解了。你刚从故乡回来，慢慢调整一下自己的心情，好好休息一下吧!

이해했어. 너는 방금 고향에서 돌아왔으니까 천천히 마음을 다스리고 푹 쉬어!

王鹏: 好的，下次见!

응, 다음에 보자!

吊唁需要注意什么？怎么才能做得得体？

古代的吊唁礼仪是非常讲究的，而现在在城市，吊唁仪式已经大大简化了，主要是遗体告别和开追悼会。

一、吊唁要遵守的原则

守时——可以提前到场等候

庄重——态度和表情保持严肃

二、吊唁的礼仪

1、不宜打电话吊唁。

2、不得穿着鲜艳的服装参加葬礼。

3、喧哗或中途退场，是对逝者及家属的不尊重。

当面去吊唁，一定要记得带上你的礼物和问候，在吊唁的时候要显示出悲伤的情绪，说些安慰当事人的话。如"请多保重"、"望您节哀"、"要注意身体"等，劝慰丧家节哀顺便，保重身体。

出席葬礼究竟怎样做才最得体?一句话：慎言慎行。参加葬礼或吊唁活动时，男女均应穿黑、蓝等深色服装，男士可内穿白色或暗色衬衣，女士不应涂抹口红，不戴鲜艳的围巾，尽量避免佩戴饰物，如需要可考虑白珍珠或素色饰品，避免佩戴黄金。

丧事时忌讳使用"死"、"惨"等使人联想到不幸的词汇；葬礼会场是肃穆的，吊唁者言辞应收敛。高谈阔论、嬉笑打闹都是对亡者及家属的不敬，说话应压低声音，举止轻缓稳重，才能显出您的诚意和风度，所以千万不敢有所懈怠。

三、吊唁的礼物选择

1.在追悼会上人们常常送的就是礼金，记得，这个礼金千万不能用红纸包装，最好用白色或素色纸封套包好，在封皮上写上"奠仪"、"帛金"之类的黑字并署名。

2.挽幛、挽轴、挽额也称礼幛，题词不拘形式，通常以四字为多，多是直写，横写的称"挽额"。

3.祭奠礼品如赠送香烛纸钱、鞭炮、"三牲"、果品之类的祭祀用品，并随祭品附送礼单帖。

4.花圈或花篮。鲜花或纸花均可，上写有挽带，有上下款，上款写对死者的称谓和极简短的悼词，表示对死者的怀念。不过送的花也有讲究，因为每种花所要表达的意思是不同的，总的来说送追悼的花，主要以黄色和白色为主，千万不要送那些过于鲜艳的花。能送的花主要有：

(1)黄菊和白菊扎在一起表示肃穆哀悼。

(2)白菊表示真实的哀悼。

(3)翠菊表示追念和哀悼。

(4)黄色和白色的康乃馨表留恋之意，让逝者走好。

(5)白色大丽花可布置灵堂、灵车，寄托哀思。

(6)白百合在印度寓意对亡灵的哀悼。

第六课
제6과

中国传统服装
즁국 전통의상

生词

原唱 yuán chàng		[명사]원곡 가수.
绝对 jué duì		[부사]절대로. 반드시.
说唱 shuō chàng	[명사]설창. 운문과 산문으로 꾸며져 있는 민간 문예.	
参谋 cān móu	[동사]아이디어를 내다. 지혜를 내다. 조언하다.	
熟知 shú zhī		[동사]숙지하다. 익히 알다.
相对应 xiāng duì yìng		대응하다.
款式 kuǎn shì		[명사]격식. 스타일. 디자인.
礼服 lǐ fú		[명사]예복.
立翻领 lì fān lǐng		접은 깃을 세우다. 스탠드 칼라.
民国时期 mín guó shí qī		민국 시기.
改良 gǎi liáng		[동사]개량하다.
修身 xiū shēn		[동사]수신하다. 수양하다.
愿闻其详 yuàn wén qí xiáng		상세한 내용을 듣기를 바라다.
右衽 yòu rèn	한족 복장에 항상 남아 있는 특징으로 한족의 상징적 기호. 오른쪽 옷섶.	

民风 mín fēng		[명사]민풍. 민속.
开放 kāi fàng		[동사]개방하다. 열어놓다.
古风歌曲 gǔ fēng gē qǔ		고풍 가곡. 고풍 노래.
夸张 kuā zhāng		[동사]과장하다.
形制 xíng zhì		[명사]기물·건축물의 형상과 구조. 형태.
内涵 nèi hán		[명사]내포.
国风盛典 guó fēng shèng diǎn		성대한 국풍.

对话

王鹏: 你知道学校要举行校园歌手大赛吗?

학교에서 캠퍼스 가수 경연대회가 열린다는 거 알고 있어?

美英: 我好像听说了，怎么了?

나 들어본 것 같은데 왜?

王鹏: 我觉得你唱歌很好听，你打算参加吗?

나는 네가 노래를 아주 잘한다고 생각하는데, 너는 참가할 생각이야?

美英: 你觉得我唱歌好听吗? 你怎么知道的?

내가 노래 잘 부른다고 생각해? 네가 어떻게 알아?

王鹏: 上次去晨溪涧玩的时候，你不是给大家唱了IU的歌吗? 我还以为是原唱呢!

지난번에 아침계곡을 놀러 갔을 때, 네가 아이유의 노래를 부르지 않았어? 나는 또 원곡 가수인 줄 알았잖아!

美英: 谢谢你啊，夸得我都不好意思了。

고마워, 칭찬에 쑥스러울 지경이야.

王鹏: 我说的可是真心话，你要是去参加，绝对可以拿到前三名。

내 말은 진심이야. 네가 참가한다면 충분히 3등 안에 들 수 있을 거야.

美英: 那么我唱韩语歌也可以吗?

그럼 내가 한국 노래를 불러도 괜찮아?

王鹏: 我有个主意，按照我的办法做，你绝对是第一名。

내가 아이디어가 있어. 내 방법대로 하면 네가 무조건 일등이야.

美英: 什么主意?

무슨 아이디어인데?

王鹏: 你穿着中国的传统服装唱中文歌，绝对第一名。你中文说的这么好，只要练习，一定可以唱好中文歌的。

네가 중국 전통 복장을 입고, 중국어 노래를 부르면 단연 1등이야. 네가 중국어를 이렇게 잘하니 연습만 하면 중국어 노래를 잘 부를 수 있을 거야.

美英: 虽然我觉得这是个好主意，但是我对自己的中文并不是那么有信心呢。

비록 좋은 생각이라고 생각하지만, 나는 내 중국어에 대해 그렇게 자신있지 않아.

王鹏: 首先，我很相信你的实力；其次，我会帮助你的。

먼저, 나는 너의 실력을 매우 믿어. 다음으로, 나는 너를 도울 거야.

美英: 那好吧，先谢谢了。我先想想唱哪首歌比较好呢?

그래, 일단 고마워. 내가 어떤 노래를 불러야 좋을지 우선 생각해야겠지?

王鹏：你可以多听听，然后选一首，只要不是说唱，我觉得你都没问题的。

　　　　네가 많이 들어보고, 한 곡 골라봐. 설창만 아니라면, 난 네가 다 괜찮을 것 같아.

美英：好，那我选好以后你再帮我参谋参谋吧？

　　　　그래, 내가 고르고 나서 아이디어를 내는 것을 좀 도와줄래?

王鹏：好的，没问题。

　　　　응, 좋아.

美英：你说穿中国的传统服装，就是穿旗袍就可以吗？

　　　　네가 중국 전통 옷을 입으라고 이야기했는데, 치파오를 입으면 되는 거 아니야?

王鹏：不完全是，旗袍只是中国传统服装的一种。

　　　　꼭 그런 건 아니야, 치파오는 중국 전통의상의 한 종류일 뿐이야.

美英：哦？还有哪些传统服装呢？

　　　　어? 또 어떤 전통의상이 있어?

王鹏：旗袍是被世界所熟知的中国传统服装之一，你的身材好，穿着应该非常好看。除了旗袍之外，一般比较流行的是唐装和汉服。中国在历史的每个时代都相对应地有流行的衣服款式，比如旗袍是在民国时期开始盛行起来的，并且还被确定为国家礼服之一。与之相对应的男子服装是中山装，是孙中山先生设计的一种立翻领有袋盖的四贴袋服装。

　　　　치파오는 세계적으로 잘 알려진 중국 전통의상 중 하나야. 너는 몸매도 좋아서 입으면 아주 예쁠 것 같아. 치파오를 제외하면 당대 복장과 한족의 전통 의복이 유행이야. 중국은 역사의 모든 시대에 상응하는 유행하는 옷 스타일이 있어. 예를 들어, 치파오는 민국시대부터 유행한 것으로 국가 예복 중 하나로 결정됐어. 이에 대응하는 남자 의상은 중산복으로 손중산 선생님이 디자인한 스탠드칼라에 덮개가 달린 네 개의 주머니 의상이야.

(美英在手机上搜索)

(미영이가 핸드폰으로 검색한다)

美英： 啊！我搜到了，是这个吗？

아! 내가 찾아냈어, 이거 맞아?

王鹏： 是的。你看，上次中文系的那个表演不就是穿的这个服装吗？民国时期的学生们大多数都是这么穿的。

맞아. 봐봐, 저번에 중국어과에서 했던 그 공연이 바로 이 복장이었잖아? 민국 시대 학생들은 대부분 그렇게 입었어.

美英： 可是女孩子身上的衣服和旗袍不是那么像啊。

그런데 여자들이 입은 옷과 치파오는 그렇게 비슷하지 않네.

王鹏： 女学生们有的穿的是"文明新服"，也有的穿旗袍。我们现在所看见的旗袍很多都是改良过的，所以越来越修身，也越来越时髦了。

여학생들은 "문명신복"을 입기도 하고, 치파오를 입기도 했어. 우리가 지금 보고 있는 치파오의 많은 부분이 개량되어 갈수록 슬림해지고 있으며, 갈수록 유행하고 있어.

美英： 原来如此。那唐装和汉服呢？我也想了解一下，选一选。

그렇구나. 그 당대의 복장과 한족의 전통 의복은? 나도 알고, 선택하고 싶어.

王鹏： 说起唐装，很多人会想起两种衣服，一种是唐朝时期的服装，还有一种是名为"唐装"的现代服装，不过一般都是儿童还有老年人在过年的时候穿，所以我给你介绍一下唐朝时期的服装吧，严格说起来，唐朝服装也就是汉服的一种，因为汉服指的是从古明末清初的汉民族的服装的总称。

당대의 복장이라고 하면 떠오르는 두 가지 옷이 있어. 하나는 당조시기 복장, 또 하나는 당복이라는 현대 복장인데, 보통 어린이와 노인들이 설날에 입으니 당조 시기 복장을 소개해 줄게. 엄밀히 말하면 당조 복장은 한족의 전통 의복의 일종인데, 이는 고명 말부터 청나라 초기까지의 한민족 복장을 총칭하기 때문이야.

美英： 原来如此。你说吧，愿闻其详。

그렇구나. 너가 말해봐, 상세한 내용을 듣기를 원해.

王鵬： 汉服的特征是交领、右衽、广袖、系带，唐朝服装也是如此。你看这些图片里的衣服都比较宽大，前襟左右相交。汉服系服装的衣襟一般是向右掩，就是把左前襟掩向右腋然后系带，把右襟掩盖在里面，称为右衽；中国古代一些少数民族服装是向左掩，称为左衽。

한족의 전통 의복의 특징은 깃을 넘기고, 오른쪽 옷섶, 길고 너른 소매, 띠를 매고 있으며, 당조 복장도 마찬가지야. 보면 이 사진 속의 옷은 모두 비교적 널찍하고, 앞섶이 좌우로 교차되어 있어. 한푸 계열 복장의 옷섶은 일반적으로 오른쪽으로 가리고, 왼쪽 앞섶을 오른쪽 겨드랑이로 가린 다음 띠를 매는 거야. 오른쪽 옷깃을 안으로 가린 것을 오른쪽 옷섶이라고 해. 중국 고대의 일부 소수민족 복장은 왼쪽으로 가려서 왼쪽 옷섶이라고 했어.

美英： 果然是这样。

역시 그랬구나.

王鹏: 还有一个特点，就是唐朝时期的民风比较开放，所以你看这些女性服装都半露胸，不过只有有身份的人才能穿开胸衫，而平民百姓家的女子是不许半裸胸的。当时，唐朝半露胸的裙装有点类似于现代西方的夜礼服，只是不准露出肩膀和后背。

또 하나의 특징이 있는데, 바로 당조시기 때 민풍이 비교적 개방적이었기 때문에 보면 이 여성들은 반쯤은 가슴을 노출하고 있어. 하지만 신분이 있는 사람들만 입을 수 있었고, 서민 집 여성들은 반쯤도 노출이 안되었어. 당시 당조시기 때 가슴을 반 노출한 치마는 현대 서양의 야회복과 비슷해서, 어깨와 등은 드러낼 수 없었어.

美英: 其实挺好看的，和现代的服装比起来也不算太夸张。

사실 아주 예쁘긴 한데, 현대의 의상과 비교해도 너무 과한 편은 아니야.

王鹏: 如果你选择古风的歌曲，就可以选择唐装呀。哦！对了！或者你也可以选择其他汉服，比如襦裙也很流行。

만약 네가 고풍스러운 가곡을 선택한다면, 당조 복장을 선택할 수 있겠다. 오! 맞다! 혹은 다른 한족의 전통 의복을 선택해도 좋아. 예를 들면 유군도 매우 유행해.

美英: 给我看看！

나한테 보여줘!

王鹏: 襦裙直到唐朝前期都是普通百姓的女性日常穿着服饰。你看！与其它服装形制相比，襦裙有一个明显的特点：上衣短，下裙长，上下比例体现了黄金分割的要求，具有丰富的美学内涵。

유군은 당조 전기까지 일반인이었던 여성들이 입고 다녔어. 봐봐! 다른 옷의 형태와 비교해 볼 때 유군의 치마는 뚜렷한 특징이 있는데, 상의는 짧고 하의는 길며 상하 비율은 황금 분할의 요구를 구체적으로 반영하고, 풍부한 미학적 함의를 가지고 있어.

美英: 啊！我见过这种服装，学校里经常有人穿，我觉得很漂亮！

아! 나는 이런 복장을 본 적이 있는데 학교에서 자주 입는 사람이 있어. 매우 아름답다고 생각해!

王鹏: 是的，现在汉服非常流行，其中襦裙是最多人穿的。对了，近几年举办了"国风盛典"，有很多人展示了各种各样的汉服，网上有很多视频，有兴趣的话可以搜来看。

맞아, 지금 한푸가 유행하고 있는데 그중에서도 유군을 사람들이 제일 많이 입어. 참, 최근 몇 년 동안"성대한 국풍"이 열렸는데 다양한 한족의 전통 의복이 전시되어 있고, 인터넷에 동영상이 많이 올라와 있어서 관심 있으면 검색해서 볼 수 있어.

美英: 好的，我明白了。谢谢你呀，我想试着穿汉服唱歌，那么我选择一些古风歌曲吧，你有什么比较简单的歌曲推荐吗？

응, 잘 알겠어. 고마워. 나는 한푸를 입고 노래해보고 싶어. 그럼 내가 고풍스러운 노래를 골라 볼게. 좀 쉬운 노래 추천을 해줄 수 있어?

王鹏: 你稍等，我找好了给你发过去，你选吧！

잠깐만 기다려, 내가 잘 찾아서 보내줄 테니까 골라봐!

龙袍简介

中国古代皇帝的朝服，上面绣着龙形图案，又称龙衮。因袍上绣龙形图案，故名。公元581年隋文帝首次用蚕丝中最好的辑里湖丝（简称辑丝）作为龙袍的经纬线。此外，龙袍还泛指中国古代帝王穿的龙章礼服。唐高祖武德年间令臣民不得僭服黄色，黄色的袍遂为王室专用之服，自此历代沿袭为制度。960年，赵匡胤"黄袍加身"，兵变称帝，于是龙袍别称黄袍。

龙袍上的各种龙章图案，历代有所变化。据史籍记载，皇帝的龙袍上都绣有九条进龙，胸前、背后各一，左右两肩各一，前后膝盖处各二，还有一条绣在衣襟里面。

为什么龙袍要绣九条龙呢？因为古代帝王受《周易》的影响，崇尚"九五至尊"。《易·乾》中说："九五，飞龙在天，利见大人"。意思是说这条龙已经飞上天了，表示达到了最高境界。也是因为这个缘故，皇室建筑、家具陈设和生活容器等多用九、五两个数字。

为什么要将一条龙绣在里襟呢？因为九是奇数，很难在布局上做到均衡对称，于是，将一龙绣在里襟。这样，龙袍的实际龙纹不少于九条，而且在正面或背面看又都是五条（两肩之龙前后都能看到），正好与九五之数吻合。

不过，也有例外的，明朝皇帝龙袍的龙纹数就多于九条。

1958年出土的万历皇帝的"缂丝十二章衮服"，就有十二条龙，被绣在一个圆形的中间，俗称"团龙"。

十二条龙因位置不同而有不同的名称，位于衮服前胸和后背的龙，是正身的龙，也就是面向外的龙，被称为"正龙"或者是"坐龙"；侧身的龙叫做"行龙"，行龙也按照朝向上下的不同分为升龙和降龙。

万历皇帝龙袍上龙的数目比起明世宗嘉靖七年创制的"燕弁服"上的就不能算多了，由弁帽、袍服、玉带、袜子和丝履构成的"燕弁服"上的龙纹呈九九之数：前身一个盘龙团纹，后身两个盘龙方纹，领子和袖子上的龙纹加在一起是45条，衣襟上的龙纹是36条。另外，在腰间的玉带上还装饰着九件刻有龙纹的玉片。

龙袍是古代皇帝参加庆典活动时穿着的礼服。据《苏州府志》卷147记载，在明代万历29年（公元1601年）宦官孙隆到苏州充当税监，督造龙袍。1957年在北京十三陵定陵发掘的出土文物中就有用缂丝制成的龙袍。因龙袍上绣纹以龙为主，故此得名。

制作工艺

龙袍的空地一般为褚黄色，龙袍上并绣有9条龙，间以五色云彩。领前后正龙各1条，膝部左、右、前、后和交襟处行龙各1条，袖端正龙各1条。龙袍并不是专供皇帝穿着，郡王及以上都可以穿，只是不能用黄色，其他官员是不能穿着的，只有得到皇帝亲赐才能穿着，但在穿着必须"挑去一爪"，以示区别。在明朝，经改制后的龙袍，称为蟒袍，成为明朝职官常服。

龙袍的色彩选用颇有研究，并十分严格，古代人使用的色彩并非单纯是人的本性需要，同时又作为一个种族或部落的标志，在远古旧石器时代的山顶洞人穿用采用赤铁矿染色，到了夏代崇尚黑色，周代崇尚红色，秦朝崇尚黑，汉朝崇尚玄色。隋文帝穿的龙袍第一次采用黄色，其后长期以黄色为最高贵，它象征中央，因此，这种风气一直延用下来，直到封建王朝结束。龙袍上的字纹样的颜色由淡月白色，品月和普蓝组成，"蝙蝠"有朱红、枣红、绛色、香色、青铜色等数种颜色。"如意头"有明蓝、月白、藏青和水红、桃红、枣红、雪灰两种颜色组成。

龙袍的做工有刺绣、缂丝之分，其中缂丝工艺相对复杂，工艺上称为"连经断纬"。这种缂丝工艺在中国流传已久，宋代时多用于其他装饰之上，到清代多用于服饰，后因缂丝工艺消耗工时过长，所以多用于龙袍之上。

第七课
제7과

美味的中国饮食
맛있는 중국 음식

生词

习惯 xí guàn		[동사]습관이 되다. 익숙해지다.
一饱口福 yì bǎo kǒu fú		먹을 복이 많다.
直爽 zhí shuǎng	[형용사] (성격이) 정직하고 시원시원하다. 소탈하다. 솔직하다.
失望 shī wàng		[동사] 희망을 잃다. 실망하다.
百吃不厌 bǎi chī bú yàn		아무리 먹어도 질리지 않다.
精致 jīng zhì		[형용사]세밀하다. 정교하다.
差距 chā jù		[명사]차. 차이. 격차.
食谱 shí pǔ		[명사]요리책. 식단. 메뉴.
粽子 zòng zi		[명사]쭝쯔.
简称 jiǎn chēng		[명사]약칭.
粤菜 yuè cài		[명사]광둥 요리.
闽菜 mǐn cài		[명사]푸젠 요리.
徽菜 huī cài		[명사]안후이 요리.
地域 dì yù		[명사]지역.

喜好 xǐ hào	[동사]좋아하다. 애호하다. 호감을 가지다.
概括 gài kuò	[형용사]개괄적인. 간단하다. 간략하다.
专门 zhuān mén	[부사]특별히. 일부러.
迫不及待 pò bù jí dài	[성어]사태가 절박하여 기다릴 여유가 없다.
可口 kě kǒu	[형용사]맛있다. 입에 맞다.
细腻 xì nì	[형용사]부드럽고 매끄럽다.

对话

暑假: 王鹏和美英来到一家杭州餐馆就餐。

여름방학에 왕펑과 미영은 한 항저우 음식점에 갔다.

王鹏: 美英，来中国以后，生活还习惯吗？

미영아, 중국에 온 이후로 생활에 익숙해졌어?

美英: 当然习惯了，你没看我最近又胖了吗？

당연히 익숙해졌지, 내가 요즘 살찌는 거 안 봤어?

王鹏: 是胖多了，是不是比以前能吃了？

살이 많이 쪘지, 예전보다 좀 더 잘 먹지 않아?

美英: 是呀，中国好吃的东西太多了，我常常和同学一起到各个地方去找好吃的。这不，你一约我，我就来啊，今天又可以一饱口福了。

맞아, 중국에는 먹을게 너무 많아서 나는 항상 반 친구들과 함께 이곳저곳에 있는 맛집을 찾아서 가. 이게, 네가 약속해서, 내가 바로 온 거 아니겠어. 오늘은 또 먹을 복이 많겠네.

王鹏: 就喜欢你这种直爽的性格！今天一定不会让你失望。

그냥 너같이 솔직한 성격이 좋아! 오늘 반드시 너를 실망시키지 않을게.

美英: 王鹏，听说你可是个美食家呢，今天请我吃什么好吃的呀？

왕펑아, 듣자하니 너 미식가라면서. 오늘 맛있는 거 뭐 사줄거야?

王鹏: 看你急的，一会儿你就知道了。趁着菜还没上来，咱们一边等，一边聊聊中国的饮食文化怎么样？

급한 거 봐, 너도 금방 알게 될 거야. 요리가 아직 나오지 않았으니, 우리 기다리면서 중국의 음식문화에 대해 이야기해 보는 건 어떨까?

美英: 那太好了！我吃得是不少，但要说到饮食文化我就不了解了。

그거 너무 좋다! 나는 많이 먹어봤는데, 음식문화라고 하면 잘 모르겠어.

王鹏: 中国人常说的一句话叫"民以食为天"，吃饭在人们生活中是很重要的一件事。

중국인들이 흔히 "백성은 식량을 하늘로 여긴다"라고 하는데, 식사는 사람들의 생활에서 중요한 일이야.

美英: 但是，听说北方人和南方人在饮食习惯上不太一样？

근데 북방 사람과 남방 사람들은 식습관이 다르다면서?

王鹏: 对，有一种说法叫"南米北面"，你听说过吗？

응, "남미북면"이라는 말이 있는데 들어봤어?

美英: 什么是"南米北面"？

"남미북면"이 뭐야?

王鹏: 中国有句老话叫"一方水土养一方人"。南方人和北方人在饮食上是不太一样的。一般来说，北方人的主食以面食为主，而南方人的主食以米饭为主，这就叫"南米北面"。

중국 속담에 "그 지방의 풍토는 그 지방의 사람을 기른다"는 말이 있어. 남방인과 북방인은 음식에 있어서 좀 달라. 일반적으로 북방인은 밀가루 음식을 주식으로 하고, 남방인은 쌀밥을 주식으로 하는 것을 "남미북면"이라고 해.

美英: 原来是这样。其实米和面我都喜欢，平时，我比较喜欢吃米，但是我觉得北京的炸酱面也特别好吃。

그렇구나. 사실 쌀과 면을 다 좋아해. 평소에는 쌀을 비교적 좋아하지만, 나는 북경의 짜장면도 정말 맛있다고 생각해.

王鹏: 我比较喜欢吃面食，特别是山西的面食，那是百吃不厌。

나는 밀가루 음식을 비교적 즐겨 먹는데, 특히 산시성의 밀가루 음식은 아무리 먹어도 질리지 않아.

美英: 我还喜欢吃广州的点心，又精致又好吃。

나는 광저우의 간식도 즐겨 먹는데 정교하기도 하고, 맛있어.

王鹏: 瞧咱们俩一说起吃就没完了。好，我接着说，虽然北方、南方在饮食上有很大的差距，但中国食谱中有那么几样全国通行的标志性饮食，你知道是什么吗？

우리 둘이 먹는 이야기하면 끝이 없겠어. 자, 내가 이어서 말하자면, 비록 북방과 남방 음식에는 큰 차이가 있지만, 중국 식단에는 전국적으로 통용되는 대표적인 음식들이 몇 가지 있는데, 뭔지 알아?

美英: 是饺子吧？中国人好像特别喜欢吃饺子，好多节日都会吃。

만두지? 중국 사람들은 만두를 특히 좋아하는 것 같아. 많은 명절에 먹어.

王鹏: 对，春节的时候，全家人会围在一起包饺子、吃饺子，这是最幸福最温暖的时刻。另外，端午节的时候要吃粽子，中秋节的时候则会吃月饼。

맞아, 설에는 온 가족이 모여서 만두를 빚고 만두를 먹는데, 이때가 가장 행복하고 따뜻한 순간이야. 또 단오에는 쫑즈를, 추석에는 월병을 먹어.

美英: 中国人每到过节的时候都会吃不同的东西，很有意思。

중국인들은 명절 때마다 음식을 다르게 먹는게 매우 재미있어.

王鹏: 除了主食以外，就是各种各样的菜了，你知道中国有名的"八大菜系"吗？

주식 말고도 여러 가지 반찬이 나오는데, 중국의 유명한"팔대 요리 계통"을 알아?

美英: 什么是"八大菜系"？

"팔대 요리 계통"이 뭐야?

王鹏: 在中国，最有影响，最具代表性的有"八大菜系"，它们通常都以各省的简称命名，包括鲁菜（山东菜系）、川菜（四川菜系）、粤菜（广东菜系）、闽菜（福建菜系）、苏菜（江苏菜系）、浙菜（浙江菜系）、湘菜（湖南菜系）和徽菜（安徽菜系）。

중국에서는 가장 영향력이 있고, 가장 대표적인 것을"팔대 요리 계통"이라고 해. 각 성의 줄임말로 불리는 건데, 산둥 요리(산둥성 요리 계통), 쓰촨 요리(쓰촨 요리 계통), 광둥 요리(광둥 요리 계통), 푸젠요리(푸젠성 요리 계통), 장쑤성 요리(장쑤성 요리 계통), 저장 요리(저장성 요리 계통), 후난 요리(후난성 요리 계통), 안후이 요리(안후이성 요리 계통)를 포함해.

美英: 这么多啊，我以前还真没听说过。

이렇게 많구나, 나는 이전에 정말 들어본 적이 없어.

王鹏: 还有啊，因为地域不同，各地人们的喜好千差万别，就有这样一种说法，叫"南甜、北咸、东辣，西酸"。

아직 더 있어, 지역이 다르기 때문에, 각 지역 사람들의 취향은 천차만별이야."중국 음식은 남쪽은 달고, 북쪽은 짜고, 동쪽은 맵고, 서쪽은 시다"라는 말이 있어.

美英: 东、西、南、北，指的是中国的不同地区吗？

동, 서, 남, 북이 가리키는 것은 중국의 다른 지역이야?

王鹏: 对，南甜，指的是以甜味为主的菜，比如苏菜；北咸，指的是咸口味的菜，多集中在山东一带，就是鲁菜；东辣，指的是辣味菜，以川菜及湘菜为首；西酸，指的是山西人能吃醋，另外，福建人、广西人爱吃酸笋等。当然，这只是一种概括性的说法，并不完全准确。

응, 남쪽은 달고, 단맛 위주의 요리를 가리키며, 예를 들면 장쑤성 요리야. 북쪽은 짜고, 짠맛 위주의 요리를 가리키며 산둥성 일대에 많이 모여 있는데, 산둥 요리야. 동쪽은 맵고, 매운맛 위주의 요리를 가리키며, 쓰촨 요리와 후난 요리를 말해. 서쪽은 시고, 산시성 사람들 식초를 잘 먹는 것을 가리켜. 또 푸젠성, 광시성 사람들은 죽순을 끓는 물에 데친 후 찬물에 2, 3일간 불렸다가 식초를 쳐서 먹는 요리를 즐겨 먹어. 물론 개괄적인 표현일 뿐 정확하지는 않아.

美英: 区别还真的很大，我都想尝一尝呢。

차이가 너무 커서 다 먹어보고 싶어.

王鹏： 正好，我们的菜上来了，看，这是今天我专门给你点的两道菜。这道菜是龙井虾仁，这一道菜是西湖醋鱼。你知道它们属于哪个菜系吗？

마침 잘 됐네. 우리 음식 나왔다. 봐봐, 오늘 내가 특별히 너를 위해 주문한 두 가지 요리야. 이 요리는 용정새우이고, 이 요리는 시후추위야. 무슨 요리 계통에 속하는지 알겠어?

美英： 让我想想，我们这家菜馆是杭州菜馆，一定属于浙菜了。

생각해보면, 이 음식점은 항저우 요리집이니까 저장 요리에 속할 거야.

王鹏： 回答正确，这可是浙菜中的名菜。

맞아. 이것은 저장 요리중의 유명한 요리야.

美英： 我已经迫不及待地想吃了，唉呀，真的太好吃了。龙井虾仁既有茶香，又有虾香，西湖醋鱼酸甜可口，而且这颜色看起来也特别诱人。

벌써 먹고 싶어 죽겠어. 아유, 정말 맛있네. 용정새우는 차 향이랑 새우향이 나는데, 시후추위는 새콤달콤하고 맛이 있는데다 색깔도 매력적으로 보여.

王鹏： 浙菜的特点是鲜嫩、细腻，吃了这道菜，你就知道什么是色、香、味俱全了。

저장 요리의 특징은 신선하고 연하며 부드러운데, 이 요리를 먹으면 너는 색, 향, 맛이 모두 갖추어져 있다는 것을 알게 될거야.

美英： 谢谢你王鹏，今天吃得真开心！以后有机会我一定要去见识一下更多的特色美食。

왕펑아 고마워, 오늘 정말 맛있게 먹었어! 앞으로 기회가 되면 반드시 특색있는 맛있는 요리의 견문을 넓혀야겠어.

王鹏： 那下次再见你的时候，是不是会更胖了？哈哈！

그럼 다음에 또 만날 때는 더 살찌지 않을까? 하하!

阅读1:　　　中国的八大菜系及代表名菜

中国一共有八大菜系：川菜、粤菜、鲁菜、苏菜、浙菜、徽菜、湘菜、闽菜。每个菜系都有其特色菜。

川菜 代表名菜：宫爆鸡丁、一品熊掌、鱼香肉丝、干烧鱼翅 。

粤菜代表名菜：三蛇龙虎凤大会、烧乳猪、盐焗鸡、冬瓜盅、古老肉 。

鲁菜代表名菜：油爆大哈、红烧海螺、糖酥鲤鱼、 葱烧海参、烩乌鱼蛋汤。

苏菜代表名菜：鸡汤煮干丝、清炖蟹粉、狮子头、水晶肴蹄、鸭包鱼 。

浙菜代表名菜：龙井虾仁、西湖醋鱼、叫花鸡 。

徽菜 代表名菜：葫芦鸭子、符离集烧鸡、霸王别姬。

湘菜代表名菜：红煨鱼翅、冰糖湘莲、剁椒鱼头。

闽菜代表名菜：金寿福、烧片糟鸡、桔汁加吉鱼、太极明虾。

阅读2:　　　中国人的健康养生观念

　　饮食是健康养生的方式。中国传统饮食文化强调多吃熟食热食，少吃生食冷食。夏天不吃冰淇淋，不喝各种冰镇饮料。认为生冷食物会伤害脾脏。同时，传统的养生理念强调要吃用水煮熟或蒸熟的食物，认为吃油煎炸食品容易导致胃病。

　　在味道方面，中国养生理论反对吃辛辣和味道过重的食物，强调要吃清淡的，因为辛辣食物会刺激胃部，引起身体不适。

　　吃饭时，强调营养搭配，避免吃得过饱，所以有句俗话说，吃饭只吃七分饱。吃饭的速度也很重要，中国人强调"细嚼慢咽"，认为这样有利于对食物进行充分消化。

　　中国传统饮食文化还强调在不同的季节应该吃不同的食物，有句俗话说，"冬吃萝卜夏吃姜，不用医生开药方"。

　　同时，中国人的"吃"也不是乱吃，而是很有讲究地"吃"，中国还有一句老话"药补不如食补"，这是说人们要注意区分不同食物"凉"与"热"的属性，"寒者热之 热者寒之"合理搭配饮食。此外，传统的饮食养生理论还要求多吃蒸、煮、少吃煎、炸，多吃清淡，少吃咸辣，避免过饱，七分正好。吃太快伤胃，细嚼慢咽最好，

阅读3：　·　中国的餐桌上有哪些礼仪呢？

　　如果一家人有长辈和晚辈一起吃饭，那么在餐桌上，有很多讲究。首先是坐座位，一般来说，老人或者重要的客人应该坐上座，上座就是面朝南边或者是面对着门的座位，入座的时候也要有先后，一般年龄最大的人先坐，或是请来的客人先坐，然后再按照年龄的大小入座。除了坐位，用餐的餐具也有讲究，中国人一般用筷子吃饭，用勺子喝汤，吃饭的时候只能用一只手，不能像吃西餐那样，两只手一起用。夹菜的时候，不能一次夹得太多，更不能用筷子在盘子里翻来翻去，而且别人夹菜的时候，你不能同时去夹这个菜。如果要喝酒的话，主人要先向客人敬酒，而且要先干杯，意思是我先喝完了杯子里的酒，是表示对客人的尊重，然后客人也要喝完杯子里的酒。给别人倒酒的话，一定要倒满，不能倒半杯，如果客人不能喝酒，一定要先告诉主人，用茶代替酒也可以。

第八课 중국의 술 문화
中国的酒文化
중국의 술 문화

生词

寻求 xún qiú	[동사]찾다. 탐구하다.
大才子 dà cái zǐ	대재자. 크게 재능이 뛰어난 사람.
逗趣 dòu qù	[동사]웃기다. 놀리다.
略知皮毛 luè zhī pí máo	[성어]표면 현상만 대강 알다.
嫌弃 xián qì	[동사]싫어하다. 불쾌하게 생각하다.
发源地 fā yuán dì	[명사](사물의) 발원지. 기원지.
酿造 niàng zào	[동사](술·간장·식초 따위를) 양조하다.
古老 gǔ lǎo	[형용사](역사가) 오래된. 유구한.
酵母麴种 jiào mǔ qū zhǒng	효모국종.
国粹 guó cuì	[명사]국수. 한 국가·민족이 지닌 고유한 문화의 정화.
青睐 qīng lài	[동사]주목하다. 중시하다.
深奥 shēn ào	[형용사](학문·이론이) 심오하다.
蕴含 yùn hán	[동사]포함하다. 내포하다.
愿闻其详 yuàn wén qí xiáng	상세한 내용을 듣기를 바라다.

范畴	fàn chóu	[명사]범주.
准则	zhǔn zé	[명사]준칙. 규범.
物质	wù zhì	[명사]물질.
适度	shì dù	[형용사](정도가) 적당하다. 적절하다.
裨益	bì yì	[명사]도움. 이익. 보탬.
沉淀	chén diàn	[동사]침전하다.
精华	jīng huá	[명사](사물의) 정화. 정수.
着迷	zháo mí	[동사]…에 몰두하다. …에 사로잡히다.
熏陶	xūn táo	[동사]훈도하다.(점차) 영향을 끼치다.
一脉相承	yí mài xiāng chéng	[성어]일맥상통하다. 대대로 전해지다.
制作工艺	zhì zuò gōng yì	제작 기술.
毕恭毕敬	bì gōng bì jìng	[성어]매우 공손하게 대하다.

对话

美英: 王鹏，你对酒了解吗?

왕펑아, 너 술에 대해 알고 있니?

王鹏: 什么意思? 你要买酒吗?

무슨 의미야? 너 술 사려고?

美英: 啊! 不是的，我的妹妹现在在学习中文，打算以后也要到中国来学习。她的中文作业需要她介绍一个中国的文化现象，妹妹选择了酒文化，她向我寻求帮助，我了解的也很少，这不! 找你这个大才子来了。

아! 아니야, 내 여동생이 지금 중국어 공부 중인데, 앞으로 중국에 와서 공부할 계획이야. 여동생의 중국어 숙제가 중국의 문화 현상을 소개하는 거야. 여동생은 술 문화를 선택해서 나한테 도움을 요청했어. 내가 아는 것도 매우 적어서 너 같은 대재자를 찾아왔잖아.

王鹏: 我哪是什么大才子啊, 你可别拿我逗趣了!

내가 무슨 대재자라고, 너 절대 나를 놀리지 마!

美英: 你别谦虚啦, 你真的懂很多, 尤其是传统文化方面。

너는 겸손하지 굴지 마, 너는 정말 많은 것을 알고 있잖아, 특히 전통문화 방면을 많이 알잖아.

王鹏: 也就是略知皮毛而已, 你要是不嫌弃我讲的不全面, 我们倒是可以一起讨论学习一下。

즉 표면 현상만 대강 알 뿐이야. 네가 만일 내가 하는 말이 전면적이지 않다고 싫어하지 않는다면, 우리는 오히려 함께 토론하고 공부할 수 있을 거야.

美英: 哈哈! 不嫌弃不嫌弃。

하하! 싫어하지 않아, 싫어하지 않아.

王鹏: 酒文化和其他任何文化都不太一样, 许多文化都能找到发源地, 但是酒, 基本上每个古老的民族都有自己的独立酿造酒的体系。不过中国独有白酒和黄酒两种酒, 都是以他们的颜色来命名的。

술 문화는 다른 어떤 문화와도 달라. 많은 문화가 발원지를 찾을 수 있지만, 술은 기본적으로 모든 오래된 민족 다 자신만의 독자적으로 술을 빚는 시스템을 가지고 있어. 하지만 중국에만 있는 백주와 황주 두 종류의 술은 모두 그들의 색깔을 따서 이름을 지은 거야.

美英： 白酒我见过，是那种透明的酒吧？黄酒是什么酒？

나 백주는 본적이 있어, 그 투명한 술 말하는 거지? 황주는 어떤 술이야?

王鹏： 黄酒是世界上最古老的酒类之一，一般为十五度左右，酵母麴种质量决定酒质。与啤酒、葡萄酒并称世界三大古酒。产自中国江南地区，其中绍兴黄酒最为出名。黄酒是中国最古老的独有酒种，被誉"国粹"，儒家文化乃中国最具特色的民族文化，称之"文化精髓"。两者源远流长，博大精深。黄酒生性温和、风格雅致，酒文化古朴厚重，传承人间真善之美、忠孝之德；儒家内涵讲究中庸之道，主张清淡无为，宣扬仁、义、礼、智、信等人伦道德。细细体味，黄酒与儒家文化可谓一脉相承，有着异曲同工之妙。

황주는 세계에서 가장 오래된 주류 중의 하나로 일반적으로 15도 정도이며 효모곡종질량이 주질을 결정해. 맥주, 와인과 함께 세계 3대 고주로 불려. 중국 지앙난 지역에서 생산된 것으로 샤오싱 황주가 가장 유명해. 황주는 중국에서 가장 오래된 독보적인 주종으로 "국수"라 불리며, 유가문화는 중국에서 가장 특색 있는 민족문화로 "문화의 정수"라고 불러. 양자는 유래가 길고 넓으며 심오해. 황주는 천성이 온화하고 풍격이 고상하며, 술 문화가 고풍스럽고 중후하여 인간 세상의 선량하고 아름다움을 전승하며, 충효의 덕을 이어받았어. 유가에서는 중용의 도를 중시함을 내포하고 있고, 담백 무위를 주장하며 인, 의, 예, 지, 신 등의 인륜도덕을 널리 알렸어. 자세히 음미해 보면 황주는 유문화와 일맥상통하고, 창작 방법은 다르지만 교묘한 솜씨는 똑같다는 것을 알 수 있어.

美英： 有点深奥。不过儒家思想我倒是也能知晓一二。

좀 심오하네. 하지만 유가 사상은 나도 어느 정도 알고 있어.

王鹏: 中庸曰：“中者，天下之大本也；和者，天下之达道也。”儒家把“中”与“和”联系在一起，主张“和为贵”、“普通的和谐”。中庸之道即中正不偏、经常可行之道。中庸既是一种伦理原则，又是一种人与人之间互动的方式方法，中庸之道无处不在，深深地影响着国人的生活。黄酒以“柔和温润”著称，恰与中庸调和的儒家思想相吻合。黄酒兼备协调、醇正、柔和、幽雅、爽口的综合风格，恰如国人“中庸”之秉性，深得人们青睐，被誉为“国粹”也就为之不过了。

중용에서 말하길, "중은 천하 사람들의 가장 큰 근본이고, 화는 천하 사람들이 함께 하는 보편적인 규칙이다." 유가는 중과 화를 연결시켜 '화목을 으뜸'과 '보통의 조화'를 주장해. 중용의 도는 치우치지 않고 올바르며, 편향되지 않고, 항상 실행할 수 있는 방법이야. 중용은 윤리적인 원칙이자 사람끼리 상호작용하는 방식의 방법으로, 중용의 도는 어디에나 존재하며 국민의 생활에 깊은 영향을 미치고 있어. "부드럽고 따뜻하기"로 유명한 황주는 중용이 조화로운 유가 사상과 잘 어울려. 황주는 조화롭고, 순수하고, 연하고 부드럽고, 그윽하고 품위 있고, 시원한 종합적 스타일을 겸비해서 '중용'답게 '국수'라 불릴 만했어.

美英: 原来如此，这就是酒中蕴含的文化了。

그렇구나, 이게 바로 술 속에 담긴 문화네.

王鹏: 酒中不仅有“中庸”之道，还有“仁义”之礼与“忠孝”之德呢。

술에는 '중용'뿐만 아니라 '인의' 의예와 '충효'의 덕이 있어.

美英: 愿闻其详。

상세한 내용을 듣고 싶어.

王鹏：“仁”是儒家思想的中心范畴和最高道德准则。“仁”体现了人与人的关系，是在尊重关怀他人的基础上，获得他人的尊重和关怀。黄酒是一种物质，它自古与人们结下了不解之缘。酒作用于人的精神的东西，可使人为善，也可使人为恶。酒虽有利有弊，但适度把握，裨益颇多。酒的功能有三，一是可解除疲劳恢复体力，二可药用治病滋补健身，三酒可成礼。黄酒承载着释放人们精神，惠泽健康，表达情感，体现爱心，激发睿智的作用，这与儒家崇尚“仁义”，主张“天地人合一”的精神境界，提倡友善、爱护是息息相通的。

'인'은 유가 사상의 중심 범주이자 최고의 도덕 준칙이야. '인'은 사람과의 관계를 나타내며, 남을 존중하고 배려하는 바탕 위에서 다른 사람의 존중과 배려를 얻는 거야.황주는 일종의 물질로 예로부터 사람들과 인연을 맺어왔어. 술은 사람의 정신에 작용하는 것으로 사람을 선하게 할 수도 있고, 악하게 할 수도 있어. 술은 비록 장점도 있고, 단점도 있지만 적당히 파악하면 이익이 꽤 많아. 술의 기능은 세 가지인데, 첫째는 피로를 풀어 체력을 회복시키고, 둘째는 약으로 몸을 보양해 병을 고치며, 셋째 술은 선물할 수 있어. 황주는 사람들의 정신을 풀어주고, 건강 혜택을 주며, 정을 표현하고, 사랑을 표현하고, 슬기롭고 지혜로움을 북돋아 주는 역할을 하는데, 이것은 유가와 함께'인의'를 숭상하고,'천지인합일'의 정신적 경지를 주장하며, 우호적이고, 소중히 하는 것을 제창하는 것과도 통해.

美英：确实有道理，为善还是为恶，都是一种选择，与饮酒一样，适度把握才能大有裨益。

확실히 일리가 있네. 선을 위하든 악을 위하든 모두 하나의 선택이야. 음주와 마찬가지로 적절하게 파악해야 큰 도움이 되네.

王鹏： 哇！你理解得很到位，你哪里还像个外国人啊？简直就是接受中国传统文化熏陶长大的中国人了。

와! 매우 잘 이해하는데, 너 어디가 외국인과 같은 거야? 그야말로 중국 전통 문화의 훈도를 받고 자란 중국인이야.

美英： 哈哈！哪有这么夸张，不过我真的对中国文化很感兴趣，历史沉淀的精华总是让人特别着迷。你再说说"忠孝"之德吧。

하하! 이런 과장이 어딨어. 하지만 나는 정말 중국문화에 관심이 많아. 역사 침전의 정화는 항상 사람들을 특히 매료시켜. 다시'충효'의 덕을 말해 봐.

王鹏： 好。子曰："己欲立而立人，己欲达而达人。"孔子认为，忠乃表现于人与人交往中的忠诚老实；孟子说："诚者，天之道也。"孔子认为孝悌是仁的基础，孝不仅限于对父母的赡养，而应着重对父母和长辈的尊重。孟子更是主张："老吾老以及人之老，幼吾幼以及人之幼。"儒家这些"忠孝"思想体现了是中国古代传统道德文明，也是中国美德的一部分。在漫漫中国酒文化长河中，黄酒以其独有的"温和"受国人称道，黄酒的文化习俗始终以"敬老爱友、古朴厚道"为主题，这与儒家所追求的"忠孝"精神一脉相承。

좋아. 공자가 말하길"내가 원하는 것을 남에게도 베푼다."공자는 충은 사람과 사람이 사귀는 데서 나오는 충직함이라고 생각해. 공자가 말하길"진실, 하늘의 규범이다."공자는 부모에게 효도하고 윗사람을 공경하는 것이 인의 기초이며, 효는 부모의 부양에 그치지 않고 부모와 어른에 대한 존중을 해야 한다고 강조해. 맹자는 "나의 잘함을 내 부모에 그치지 않고 이웃 부모에게도 잘하고, 내 자식 귀여워하는 만큼 남의 자식도 귀여워하라."라고 주장했어. 유가의 이런 충효 사상은 중국 고대 전통 도덕 문명이자 중국 미덕의 일부임을 보여줘.

끝없는 중국의 술 문화의 긴 흐름 중, 황주는 특유의'온화함'으로 국민의 칭호를 받았어. 황주의 문화 풍습은 늘 "노인을 공경하고 친구를 사랑하며, 수수하면서 고풍스럽고 관대하다"를 주제로 한 것으로 유가가 추가하는'충효'정신과 일맥상통해.

美英: 我明白了。有点"只可意会，不可言传"的感觉呢。

알겠어. "마음속으로는 이해되는데, 말로는 표현할 수 없다"는 느낌이야.

王鹏: 确实，要把酒中之文化一点点都说清楚，可不是简单的事情。当然这些文化也不仅仅是黄酒所独有的，可以说是中国的酒文化的特点吧。不过你作为外国人，能听懂我这么多深奥的话，真的是很厉害啊。

확실히 술 문화를 차근차근 설명하기란 쉬운 일이 아니야. 물론 이런 문화도 황주만의 독특하게 가지고 있는 것이 아니고, 중국 술문화의 특징이라 할 수 있어. 근데 외국인인 네가 내 심오한 말을 많이 알아듣다니 대단해.

美英: 嘻嘻，那我确实还挺聪明的。不过现在中国人好像白酒喝得多吧?

히히, 그럼 난 확실히 똑똑한걸. 그런데 요즘 중국인들은 백주를 많이 마시는 것 같은데?

王鹏: 白酒多产于黄河、长江中上游地区，茅台、汾酒、泸州老窖和西凤酒被称为中国的"四大白酒"，其中，"茅台"被誉为"国酒"，经常出现在国宴上。白酒分为以下香型：酱香型、清香型、浓香型、老白干香型、米香型、凤香型、兼香型、董香型、其它香型，不同的香型在制作工艺上略有不同，各有人喜欢。

바이주는 황허, 창장 중상류 지역에서 많이 생산되며 마오타이주 , 분주 , 루저우라오쟈오 , 서봉주가 중국의'4대 백주'로 불리는 가운데, 마오타이주는'

국주'로 불리며 국빈 만찬에 자주 등장해. 백주는 다음과 같은 향으로 나눠지는데, 장향형, 상쾌한 향기형, 짙은 향기형, 배갈형, 쌀향형, 복향형, 겸향형, 동향형, 기타향으로 나뉘며, 향마다 제조공정에 조금씩 차이가 있어 각각 선호하는 사람이 있어.

美英: 我知道茅台，非常贵，股票也是。

나는 마오타이주가 아주 비싸고, 주식도 비싸다는 것을 알아.

王鹏: 茅台就是茅台，世界闻名。

마오타이주는 바로 마오타이주지, 세계적으로 유명해.

美英: 我看中国人喝酒的时候也很有讲究的样子呢。

중국 사람들은 술 마실 때도 신경 쓰는 것 같아.

王鹏: 是的，在酒桌上也有不少要遵守的礼仪。比如说，应尽量多谈论一些大部分人能够参与的话题；尽量不要与人贴耳小声私语；分清主次，不要单纯地为了喝酒而喝酒，而失去交友的好机会，更不要让某些哗众取宠的酒徒搅乱东道主的意思；知道什么时候该说什么话，语言得当，诙谐幽默很关键；劝酒要适度，切莫强求；敬酒时一定要把握好敬酒的顺序。有求于某位客人在席上时，对他要倍加恭敬，但是要注意，如果在场有更高身份或年长的人，则不应只对能帮你忙的人毕恭毕敬，也要先给尊者长者敬酒，不然会使大家都很难为情；察言观色，了解人心。

응, 술자리에서도 지켜야 할 예의가 적지 않아. 예를 들면, 대부분의 사람들이 참여할 수 있는 이야기를 최대한 많이 하고, 가능한 한 다른 사람과 귓속말로 소곤거리지 말아야 해. 본말을 분명히 해야 하고, 단순히 술을 마시기 위해 술을 마시지 말고, 친구를 사귈 좋은 기회를 놓쳐서는 안 되며, 과장된 말과 행동으로 환심을 사려는 주당들이 주최자의 의사를 어지럽히지 않도록 해야 해. 언제 어떤 말을 해야 할지 알아야 하고, 언어가 알맞고, 해학과 유머가 관건이야. 술 권하는 것은 적당해야 하고, 절대 강요하지 말아야 해. 술을 권할 때는 반드시 술 권하는 순서를 잘 파악해야 해. 손님이 자리에 계실 때, 그를 더욱 공경해 줘야 해. 하지만 주의해야 하는 것은 만약 그 자리에 더 높은 신분의 사람이나 연장자가 있다면, 너를 도와줄 수 있는 사람에게만 공손하게 대할 것이 아니라 먼저 윗사람에게 술을 권해야 하고, 그렇지 않으면 모두가 난처해지기에 안색을 살피고, 인심을 알아 두어야 한다는 거야.

美英: 看来，喝酒就是社交，谁能更好地把握酒中文化，谁就能赢得人心了。

보기에, 술을 마시는 것이 사교인데, 술의 문화를 더 잘 파악하는 사람이 있다면 사람의 마음을 얻을 수 있겠네.

王鹏: 可以这么说，所以说古往今来，多少大事都是在酒桌上谈成的呢。不是有这么一句话吗？"酒品见人品"。

그러니까 예나 지금이나 술자리에서 얼마나 많은 일을 얘기했겠어."술은 인품을 알아본다."는 이런 말 있잖아?

美英: 这酒里蕴含的文化真是博大精深呀！

이 술 안에 내포된 문화는 정말 넓고 심오하네!

黄酒的功效与作用

1、黄酒功效之活血祛寒，通经活络

在冬季，喝黄酒宜饮。在黄酒中加几片姜片煮后饮用，既可活血祛寒，通经活络，还能有效抵御寒冷的刺激，预防感冒。需要注意的是，黄酒虽然酒精度低，但饮用时也要适量，一般以每餐100—200克为宜。

2、黄酒功效之抗衰护心

在啤酒、葡萄酒、黄酒、白酒组成的"四大家族"中，当数黄酒营养价值最高，而其酒精含量仅为15%~16%，是名副其实的美味低度酒。作为我国最古老的饮料酒，其蛋白质的含量较高，并舍有21种氨基酸及大量b族维生素，经常饮用对妇女美容、老年人抗衰老较为适宜。

人体内的无机盐是构成身体必须的。黄酒中已检测出的无机盐有18种之多，包含钙、镁、钾、磷等常量元素和铁、铜、锌、硒等微量元素。其间镁既是人体内糖、脂肪、蛋白质代谢和细胞呼吸酶体系不行短少的辅助因子。也是维护肌肉神经兴奋性和心脏正常功用，维护心血管体系所必需的。人体缺镁时，易发作血管硬化、心肌损害等疾病。而硒的效果主要是消除体内发生过多的活性氧自由基，因而具有进步机体免疫力、抗衰老、抗癌、维护心血管和心肌健康的效果。已有的研究成果标明，人体的克山病、癌症、心脑血管疾病、糖尿病、不育症等40余种病症均与缺硒有关。因而，适量饮用黄酒，对心脏有维护效果。

3、黄酒功效之减肥、美容、抗衰老

黄酒的热量十分高。喝多了肯定会胖。可是恰当的喝酒能够加快血液循环和推陈出新，还有利于瘦身。黄酒中含有很多糖分、有机酸、氧基酸和各种维生素，具有较高的养分价值。因为黄酒是以大米为质料，经过长期的糖

化、发酵制成的，质猜中的淀粉和蛋白质被酶分化成为小分子的物质，易被人体消化吸收，因而，人们也把黄酒列为养分饮料酒。

黄酒的度数较低，口味大众化，尤其对女性美容、老年人抗衰老有一定功效，比较适合日常饮用。但也要节制，例如度数在15度左右的黄酒，每日饮用量别超过8两;度数在17度左右的，每天饮用量别超过6两。

4、黄酒功效之药用价值

药引是引药归经的俗称。起"导游"的效果进行针对性医治。它们不仅与汤剂合作，更广泛地和成药相合作在一起使用。另外，"药引子"还有增强效果、解毒、矫味、维护胃肠道等效果。在一张处方中，需不需要药引子，由医师根据病况而定，一般不需要病家自己去制造。

黄酒不仅能将药物的有效成分溶解出来，易于人体吸收，还能借以引导药效到达需要治疗的部位。在唐代，我国第一部药典《新修本草》规

定了米酒入药。李时珍在《本草纲目》上说："诸酒醇醨不同，惟米酒入药用"。米酒即是黄酒，它具有通血脉，肠胃，润皮肤、养脾气、扶肝，除风下气等治疗作用。由此可知，历来人们用黄酒作酒基制成养生和医用治病的酒，而且说明黄酒与中药药剂有一种天然的糅合因子或亲和性。

白酒虽对中药溶解效果较好，但饮用时刺激较大，不善饮酒者易出现腹泻、瘙痒等现象。啤酒则酒精度太低，不利于中药有效成分的溶出。而黄酒酒精度适中，是较为理想的药引子。

5、黄酒功效之烹饪时祛腥膻、解油腻

黄酒在烹饪中的主要功效为祛腥膻、解油腻。烹调时加入适量的黄酒，能使造成腥膻味的物质溶解于热酒精中，随着酒精挥发而被带走。黄酒的酯香、醇香同菜肴的香气十分和谐，用于烹饪不仅为菜肴增香，而且通过乙醇挥发，把食物固有的香气诱导挥发出来，使菜肴香气四溢、满座芬芳。黄酒中还含有多种多糖类物质和各种维生素，具有很高的营养价值，用于烹饪能增添鲜味，使菜肴具有芳香浓郁的滋味。在烹饪肉、禽、蛋等菜肴时，调入

黄酒能渗透到食物组织内部，溶解微量的有机物质，从而令菜肴更可口。

　　黄酒功效之促进子宫收缩 舒经活络

　　黄酒又称米酒，是水谷之精，性热。产后少量饮用此酒可祛风活血、避邪逐秽、有利于恶露的排出、促进子宫收缩、对产后受风等有舒经活络之用。除此之外，利用黄酒还可以做出味美并具有一定医疗作用的食品，例如黄酒和桂圆或荔枝、红枣、核桃、人参同煮，不仅味美，而且具有一定益补气血之功效，对体质虚弱，元气损耗等有明显疗效，这种功能优势更是其他酒类饮品无法比拟的。但饮用过量容易上火，并且可通过乳汁影响婴儿。饮用时间不宜超过1周，以免使恶露排出增多，持续时间过长，不利于早日恢复。

6、黄酒功效之辅助医疗

　　黄酒多用糯米制成。黄酒在酿造过程中，注意保持了糯米原有的多种营养成分，还有它所产生的糖化胶质等，这些物质都有益于人体健康。在辅助医疗方面，黄酒不同的饮用方法有着不同的疗效作用。例如凉喝黄酒，有消食化积、镇静的作用，对消化不良、厌食、心跳过速、烦躁等有显著的疗效，烫热喝的黄酒，能驱寒怯湿，对腰背痛、手足麻木和震颤、风湿性关节炎及跌打损伤患者有益。

7、黄酒的保健功效

　　经现代科学研究证明，黄酒苏里玛酒含有二十多种氨基酸和多种维生素，其中八种是人体必需氨基酸，氨基酸的含量是啤酒的11倍，葡萄酒的2倍，其发热量是啤酒的5倍，葡萄酒的1.5倍。产品经华中农业大学生命科学院进行的保健功能检测实验证实，苏里玛酒除含有丰富的氨基酸和有机酸外，还含天然的双歧因子，通过小白鼠的喂养实验，证明苏里玛酒在增强抗疲劳、增强性能力和抑制肿瘤方面有明显效果。

喝黄酒的注意事项

(1)不宜空腹：人在饱腹时对酒精吸收慢，而空腹时吸收快，易醉。

(2)不宜快饮：喝黄酒宜慢慢地品，放宽节奏，从容心境，充分享受酒味，是真正的饮酒。绍兴酒富于营养，慢慢饮容易吸收，是一种好方式，也是一种好境界。

(3)不宜混饮：各种不同的酒混合起来饮用，易醉，而且会产生副作用，引起胃不适和头痛等。

(4)不宜过量：黄酒口感温和，但切勿轻视他，因为喝醉后，后劲比较足。一般你白酒的酒量有半斤，喝黄酒千万别超过八两，这样比较好。而且适量常饮，对身体有益。

(5)不宜酒后洗澡：酒后洗澡容易将体内贮存的葡萄糖消耗掉。而血糖含量大幅度下降，能导致体温急剧降低，严重的会引起休克。

第九章
제9과

中国的茶文化
중국의 차 문화

生词

舒适 shū shì		[형용사]기분이 좋다. 쾌적하다.
体验 tǐ yàn		[명사]체험.
尊重 zūn zhòng		[동사]존중하다. 중시하다.
随着 suí zhe		[동사]…따르다. …따라서.
解渴 jiě kě		[동사]갈증을 풀다. 갈증을 해소하다.
氛围 fēn wéi		[명사]분위기. 기분. 상황.
环境 huán jìng		[명사]환경.
优雅 yōu yǎ		[형용사]우아하다.
愉悦 yú yuè		[형용사]기쁘다. 즐겁다. 유쾌하다.
满足 mǎn zú		[동사]만족하다. 흡족하다.
茶艺 chá yì		[명사]다예. 다도.
神秘 shén mì		[형용사]신비하다.
外形 wài xíng		[명사]외형. 외관.
瓷器 cí qì		[명사]자기.

紫砂 zǐ shā [명사]자사.(중국 강소성 의흥에서 생산되는 도자기용 흙으로서, 찻주전자를 만드는 데 주로 씀)

清澈 qīng chè   [형용사]맑다. 투명하다. 깨끗하다.

甘甜 gān tián   [형용사]달다. 감미롭다.

细嫩 xì nèn   [형용사] 곱다. 연하다. 여리다.

均匀 jūn yún   [형용사]균등하다. 고르다. 균일하다.

适宜 shì yí   [형용사]적당하다. 적합하다.

振奋 zhèn fèn   [형용사]분기하다. 분발하다.

对话

王鹏和美英来到了一家茶馆。

왕펑과 미영은 어느 찻집에 왔다.

美英： 这里的环境好舒适啊，以前我也喝过茶，但来茶馆喝茶还是第一次呢。

여기 환경이 참 편하네. 예전에 나도 차를 마셔본 적은 있지만, 찻집에 차를 마시러 온 것은 처음이야.

王鹏： 是吗？那你一定要好好感受一下，在茶馆喝茶，你一定会有不同的体验。给你介绍一下，这是茶艺师，也是我的好朋友。

그래? 그럼 꼭 한번 느껴봐, 찻집에서 차를 마시면 분명 다른 경험을 하게 될 거야. 너에게 소개해줄게, 이분은 다예사고, 나의 좋은 친구야.

茶艺师： 您好！欢迎两位来品茶。

안녕하세요! 차를 마시러 오신 두 분을 환영합니다.

美英: 您好！我是一名留学生，我很想学习中国茶的知识。

안녕하세요! 저는 유학생입니다. 저는 중국차의 지식에 대해 정말 배우고 싶습니다.

茶艺师: 请二位坐吧，我们一边品茶一边聊。你为什么想了解茶的知识呢？

두 분 앉으세요. 저희 차를 마시면서 이야기합시다. 당신은 왜 차에 대한 지식을 알고 싶습니까?

美英: 我发现去中国朋友家做客时，他们常常会用茶招待客人，可我却不太了解茶。

중국 친구 집에 손님으로 방문했을 때, 그들은 늘 차로 손님을 대접하지만, 저는 차에 대해서 잘 몰라요.

茶艺师: 茶可以说是中国人生活中的必需品了，有句老话说，开门七件事~~

차는 중국인의 생활 필수품이라고 할 수 있습니다. 옛말이 있는데, 문을 여는 일곱 가지 생활 필수품~~

王鹏: 我知道，"开门七件事，柴米油盐酱醋茶"嘛。

저 알아요. "문을 여는 일곱 가지 생활 필수품인 땔나무, 쌀, 기름, 소금, 간장, 식초, 차"를 말하잖아요.

茶艺师: 对，中国人最常喝的饮料就是茶，而且，中国人常常用好茶招待客人，来表示对客人的尊重。所以用茶待客，是中国人最重要的礼节之一。随着人们生活水平的提高，现在，茶已经不仅仅是解渴了，品茶已经成为一种生活方式了。

맞아요. 중국인들이 가장 많이 마시는 음료는 바로 차이고, 손님에 대한 존중의 표시로 좋은 차를 대접하는 경우가 많습니다. 그래서 차로 손님을 대접하는 것은 중국인의 가장 중요한 예절 중 하나입니다. 사람들의 생활 수준이 높아짐에 따라, 이제 차는 단순히 갈증을 해소하는 데 그치지 않고, 차를 마시는 것이 생활 방식이 되었습니다.

王鹏: 不错，我就特别喜欢喝茶的这种氛围，来这里坐一坐，心情特别好。

맞아요, 저는 차 마시는 이런 분위기를 매우 좋아하고, 여기 와서 앉아있으면 기분이 정말 좋아요.

茶艺师: 品茶时，茶叶、茶具、茶水、喝茶的环境都是很重要的，好茶、好水，漂亮的茶具，安静优雅的环境，都会让人从品茶中获得愉悦和精神上的满足。

차를 마실 때는 찻잎, 다구, 찻물, 차를 마시는 환경이 모두 매우 중요합니다. 좋은 차, 좋은 물, 예쁜 다구, 조용하고 우아한 환경은 사람들에게 차를 마시는 중에 즐거움과 정신적인 만족을 얻을 수 있게 합니다.

美英: 我从电视上看到过茶艺表演，感觉好神秘啊。怎么才能泡好茶呢?

저는 텔레비전에서 다도 공연을 본 적이 있는데, 매우 신비롭게 느껴졌어요. 어떻게 해야 차를 잘 우려낼 수 있나요?

茶艺师: 要想泡好一杯茶，首先要选择茶叶。

차 한 잔을 잘 우려내려면 먼저 찻잎을 선택해야 합니다.

王鹏: 怎么选择茶叶呢?

어떻게 찻잎을 선택하나요?

茶艺师： 中国的茶分为六大类，按茶的颜色分，分别是绿茶、红茶、青茶（乌龙茶）、白茶、黄茶、黑茶。每个人可以根据个人的的喜好选择喝什么茶。好的茶叶可以从外形、颜色和香气等几个方面看出来。

중국의 차는 색깔에 따라 녹차, 홍차, 청차(우롱차), 백차, 황차, 흑차 등 6가지로 나뉩니다. 사람마다 개인의 취향에 따라 어떤 차를 마실지 선택할 수 있습니다. 좋은 찻잎은 외형과 색깔, 향기 등 몇 가지 면에서 알아볼 수 있습니다.

美英： 这个盘子里放的是什么茶呢？

이 접시에 든 차는 어떤 차입니까?

茶艺师： 现在是秋天，我给你们选择了铁观音茶，它属于青茶，又叫乌龙茶。你们可以先看一看它的外形。

지금이 가을이어서, 철관음차를 선택했고, 그것은 청차에 속하고, 또 우롱차라고도 합니다. 먼저 그것의 외형을 볼 수 있습니다.

美英： 这里摆放的茶具各色各样的，喝茶怎么选茶具呢？

여기 놓인 다구는 각양각색인데 차를 마실 때 어떻게 다구를 고를 수 있나요?

茶艺师： 喝茶根据茶的种类不同，要用不同的茶具，一般以瓷器和紫砂为主。

차를 마실 때 차의 종류가 다름에 따라, 다른 다구를 사용해야 하고, 보통 자기와 자사가 주를 이룹니다.

王鹏： 喝茶用什么水呢？一定要用烧开的水吗？

차 마실 때 어떤 물을 쓰나요? 끓인 물을 꼭 써야 하나요?

茶艺师：你问得很好，喝茶的水要清澈甘甜，用山泉水泡茶最好，现在，我们也常常用矿泉水或纯净水来泡。另外，泡茶的水温也很重要，对于芽叶细嫩的绿茶，可以用70度到85度的水泡，对于原料粗老的茶叶，比如乌龙茶、普洱茶，可以用95度到100度的水泡。大多数茶叶都适合用85度到95度之间的水来泡。

잘 물어보셨어요. 차 마시는 물은 맑고 달아야 하며, 산간수를 이용해 차를 우려내는 것이 가장 좋습니다. 지금도 우리는 자주 생수나 정제수에 우려먹습니다. 또한 차를 우려내는 수온도 중요한데, 싹이 연한 녹차의 경우 70도에서 85도의 물거품을 사용할 수 있고, 원료가 거칠고 오래된 찻잎, 예를 들어 우롱차, 보이차의 경우 95도에서 100도의 물거품을 사용할 수 있습니다. 대부분의 찻잎은 85도에서 95도 사이의 물에 우려내는 것이 적합합니다.

美英：水已经烧好了，现在可以泡茶了吗？

물이 이미 다 끓었으니, 이제 차를 우려도 되나요?

王鹏：这里的程序还多着呢，慢慢看吧。

여기 단계가 아직 많으니 천천히 보세요.

茶艺师：一般来说，泡茶大体可分为五步，第一步，温杯。用沸水烫洗一下茶具，既可以保证茶具的清洁，又能使茶壶均匀受热，易激发茶香。

일반적으로 차를 우려내면 크게 다섯 단계로 나눌 수 있습니다. 1단계는 미지근한 컵입니다. 끓는 물에 먼저 다구를 씻으면 다구의 청결을 보장할 수 있을 뿐만 아니라 찻주전자의 열을 고르게 해 차의 향을 자극하기 쉽습니다.

美英：您的动作好美啊，让人看着很舒服。接下来呢？

동작이 참 아름다우시네요. 보면서 정말 편안합니다. 다음은요?

茶艺师： 第二步，置茶。根据喝茶人数决定茶叶的用量，把茶叶拨入茶壶中。第三步、冲泡，将温度适宜的开水倒入壶中，一两分钟以后出汤。

2단계는 차를 마련합니다. 차를 마시는 사람의 수에 따라 찻잎의 용량이 결정되고, 찻잎을 찻주전자에 넣습니다. 3단계는 물에 우리는 것인데, 적당한 온도의 끓인 물을 주전자에 붓고 1, 2분 후에 찻물이 나옵니다.

王鹏： 看，这汤色金黄明亮，真是一款好茶。

보세요, 이 찻물의 색은 황금빛으로 빛나서, 정말 좋은 차네요.

茶艺师： 第四步，分茶。将茶汤均匀倒入茶杯中，不要倒满，倒七分满是最好的。最后一步第五步，敬茶。好了，你们可以细细品茶了。

4단계는 차를 나눠주는 것입니다. 찻잔에 탕을 골고루 붓고, 가득 채우지 말고, 70프로 채워주는 것이 좋습니다. 마지막 다섯 번째 단계로 차를 권합니다. 자, 차를 자세히 음미해도 됩니다.

美英： 没想到一杯好茶是这样泡出来的，这太有仪式感了，我已经完全被吸引住了。

좋은 차 한 잔이 이렇게 우려질 줄은 몰랐는데, 이것은 매우 의식적이어서, 저는 이미 완전히 매료되었어요.

王鹏： 我也看入迷了，我好像已经闻到茶香了。

저도 매료되었어요. 차향이 벌써 나는 것 같아요.

茶艺师： 品茶也是有讲究的，你可以看看茶的颜色，闻闻茶的香味，尝尝茶的味道。喝茶时，要分三口喝完，茶汤入口时，也不要着急下咽，总之，要细细去品，才能感受到好茶的美妙滋味。

차를 음미하는 것도 중요한 것이 있는데, 차의 색깔을 보고, 차의 향을 맡으며,

차의 맛을 볼 수 있습니다. 차를 마실 때는 세 모금으로 나누어 마셔야 하고, 찻물이 들어올 때는 급하게 삼키지 말아야 합니다. 결국 거품을 미세하게 해야 좋은 차의 맛을 느낄 수 있습니다.

美英： 今天品茶，让我知道了，品茶不仅是物质上的需要，更是精神上的享受啊。

오늘은 차를 마시는 것이 물질적인 필요일 뿐만 아니라 정신적인 즐거움이라는 것을 알게 되었어요.

王鹏： 所以，品茶可以静心，当心情不好或很累的时候，泡一壶好茶，身心就能得到放松。

그래서 차를 마시면 마음을 가라앉힐 수 있고, 마음이 편치 않거나 힘들 때, 좋은 차 한 주전자만 우려내면 심신이 이완됩니다.

茶艺师： 另外，喝茶还有利于健康。比如，春天喝花茶，有助于振奋精神，夏天喝绿茶，可消暑解渴，秋天喝乌龙茶，有助于消除疲劳，冬天喝红茶，可以暖胃御寒。

또 차를 마시는 것은 건강에 좋습니다. 예를 들어 봄에는 화차를 마시면 활력을 진작시키는데 도움이 되고, 여름에는 녹차를 마시면 더위를 식혀주고, 가을에는 우롱차를 마시면 피로 해소에 도움이 되고, 겨울에는 홍차를 마시면 위장을 녹여 추위를 막을 수 있습니다.

美英： 谢谢您，让我在这里度过了一个美好的下午时光。

좋은 오후 시간을 보내게 해주셔서 감사합니다.

王鹏： 是啊，以后，我们还会常来的！

맞아요. 앞으로 우리는 또 자주 올게요!

阅读1、　中国六大茶类的主要代表茶

1、黑茶代表茶：八木春安化黑茶、普洱熟茶、广西六堡茶、四川藏茶等；

2、红茶代表茶：祁红、滇红、湖红、金骏眉、正山小种等；

3、青茶（乌龙茶）代表茶：安溪铁观音、武夷岩茶、阿里山乌龙等；

4、黄茶代表茶：湖南君山银针、四川蒙顶黄芽、浙江莫干黄芽、安徽霍山黄芽等；

5、白茶代表茶：白牡丹、白毫银针等；

6、绿茶代表茶：西湖龙井、信阳毛尖、碧螺春、安化松针等；

阅读2、　喝茶时的茶具和环境的选择

　　茶具是为泡茶服务的，首先讲究实用便利，其次才追求外形美观，茶叶种类不同，所用的茶具也不一样。冲泡花茶通常使用瓷壶，冲泡绿茶，最好用玻璃杯，冲泡乌龙茶时，适宜使用紫砂茶具。中国民间有"老茶壶泡，嫩茶杯冲"的说法，这是因为较粗老的茶叶用壶冲泡，可保持热量，提高茶汤的营养价值。而细嫩的茶叶用杯冲泡，一目了然，可以看到茶叶的优美舞姿，所以我们通常用无色透明的玻璃杯冲泡绿茶。

　　品茶需要在一定的环境中进行。中国人历来讲究品茗的环境，或在青山绿水的大自然中，或在有琴棋书画的茶室里。茶与书画自古关系密切，茶人多将书画挂在墙上，烘托宁静致远的品茗气氛。品茶时的音乐是必不可少的，我们可以一边品茶一边欣赏中国传统音乐。品茶时的鲜花或干花装饰也很重要，花的美妙姿态与芬芳气息都与茶相得益彰。中国人自古就有闻香品茗的雅趣，品茶时点上一柱好香，有助于安顿心情。

第十章
제10과

在中国送礼的讲究
중국에서 선물하는 것의 의의

生词

招待 zhāo dài [동사]초대하다. 접대하다.

庆祝 qìng zhù [동사]경축하다. 축하하다.

装修风格 zhuāng xiū fēng gé 인테리어 스타일.

万幸 wàn xìng [형용사]만행하다. 천만다행이다. 큰 행운이다.

闯祸 chuǎng huò [동사]일을 내다. 일을 저지르다. 사고를 치다.

讲究 jiǎng jiū [동사]중요시하다. 소중히 여기다. 중시하다.

禁忌 jìn jì [동사]꺼리다. 기피하다.

糗 qiǔ [동사]풀어지다. 불어 퍼지다.

护身符 hù shēn fú [명사]호신부. 부적.

歪门邪道 wāi mén xié dào [성어]정당하지 못한 수단. 사도.

民间 mín jiān [명사]민간.

运势 yùn shì [명사]운세.

密切相关 mì qiè xiāng guān

밀접하게 상관되어 있다. 서로 밀접히 관련되어 있다.

寓意 yù yì	[명사]우의. 비유적 의미. 함의.
举一反三 jǔ yì fǎn sān	
	[성어]한 가지 일로부터 다른 것을 미루어 알다. 하나를 보고 열을 알다.
财运 cái yùn	[명사]재운. 돈복.
风水 fēng shuǐ	[명사]풍수.
行家 háng jiɑ	[명사]전문가. 숙련가.
忌讳 jì huì	[명사]금기. 터부.
保险 bǎo xiǎn	[형용사]안전하다.

对话

美英: 你知道吗? 过几天就是我阿姨的生日了。

그거 알아? 며칠 지나면 우리 이모의 생일이야.

王鹏: 那可别忘记给她打个电话送上祝福呀!

그럼 잊지 말고 축하한다고 전화드려!

美英: 啊! 不是的。是我的中国阿姨，我妈妈在中国的好朋友，就住在我们这个城市。以前和妈妈来中国旅游的时候总是招待我们，对我非常好。

아! 아니야. 나의 중국 이모야. 엄마의 중국에 계시는 좋은 친구분이신데, 바로 우리 이 도시에 살고 계셔. 예전에 엄마랑 중국 여행 올 때마다 항상 우리를 초대해서 잘 대해줬어.

王鹏: 原来是这样呀! 那你可以去一起庆祝咯!

그렇구나! 그럼 가서 같이 축하해도 되겠네!

美英：是的，阿姨给我打了电话，让我去她家吃饭呢，我想应该给她买什么礼物好呢?

응, 이모가 집에 밥을 먹으러 오라고 전화하셨는데 어떤 선물을 사야 할까?

王鹏：你有什么打算呢?

넌 어떤 계획을 가지고 있어?

美英：我在商场里看见一个很漂亮的时钟，我觉得和她家的装修风格很搭。

나는 백화점에서 예쁜 시계를 봤어. 내가 볼 때는 이모 집의 인테리어 스타일과 잘 어울린다고 생각해.

王鹏：真是万幸你和我先说了这件事。

정말 너와 내가 먼저 이 일에 대해 말해서 다행이다.

美英：怎么了?

왜 그래?

王鹏：在中国，送礼物绝对不可以送钟。

중국에서는 절대 시계를 선물하면 안 돼.

美英：啊? 为什么呀?

어? 왜?

王鹏：送钟的发音和"送终"是一样的。"送终"的意思是发送死者，将他们安葬。

送钟의 발음은 "送终"의 발음과 같아. "送终"은 고인을 보내고, 안장한다는 뜻이야.

美英: 什么？还有这样的风俗吗？天啊！我差点闯祸。

뭐라고? 이런 풍속도 있어? 세상에! 나 사고 칠 뻔했어.

王鹏: 是的。在中国送礼也是有挺多讲究的。

응. 중국에서 선물하는 것에도 많은 주의점이 있어.

美英: 不如你和我多说一些，要不然我再挑选一样，又是禁忌就糟了。

너와 내가 말을 많이 하는 편이 나아. 그렇지 않으면 내가 다시 같은 걸 골라서 또 금기가 풀릴 거야.

王鹏: 好啊！和钟一样，因为发音的问题不能当做礼物的东西还有梨和伞，梨的发音和"离"一样，有和家人、爱人分离的意思，伞的发音和"散"非常相似，意思是离散、散尽，这些东西在中国都不适合做礼物，会让收到的人心里很不舒服。

좋아! 시계와 마찬가지로 발음의 문제 때문에 선물할 수 없는 물건은 배와 우산이야.梨의 발음은 "离"와 같아서 가족, 애인과 헤어질 수 있다는 뜻이야. 伞의 발음은 "散"과 비슷해서 헤어져 흩어지고, 다 흩어진다는 뜻이야. 이것들은 중국에서 선물하기에 적합하지 않아서 받는 사람의 마음을 불편하게 할 수 있어.

美英: 原来如此。

그렇구나.

王鹏: 还有一般也不给别人送鞋。

그리고 보통 신발은 선물하지 않아.

美英: 因为鞋的发音和"邪"一样吗？就是"歪门邪道"的"邪"。

신발의 발음이 "邪"와 같기 때문이야? 바로 "歪门邪道(사도)"의"邪"지.

王鹏: 哈哈，你可真聪明。

하하, 정말 똑똑한데.

美英: 在韩国，情侣或者夫妻之间也是不可以送鞋的，据说送了鞋，两个人就会分手，哈哈。

한국에서는 커플이나 부부 사이에서도 신발을 선물할 수 없어. 신발을 선물하면 두 사람이 헤어진다고 해. 하하.

王鹏: 哈哈，这个说法也很有趣。中国有些东西也是只有家人或者情侣之间才能送的，比如说枕头还有护身符等。

하하, 이 표현도 재미있네. 중국에서도 가족이나 커플끼리만 선물할 수 있는 것들이 있어. 예를 들어, 베개와 부적 등이야.

美英: 为什么？

왜?

王鹏: 枕头是我们每个人晚上的必需品，在民间有枕头与主人运势密切相关的说法，如果把枕头送人，意味着把"高枕无忧"的日子送出去了，以后可能会导致麻烦事不断，因此送枕头要谨慎。但是夫妻、恋人之间无碍，送枕头或是送梳子都不错，而且还蕴含着"结发夫妻""同床共枕"的美好寓意。

베개는 우리 개개인의 저녁 필수품이야. 민간에서는 베개가 주인의 운세와 밀접하게 관련된다는 설이 있어. 만약 베개를 선물하면 "베개를 높이 하고 걱정 없이 잘 잔다"라는 날을 보냈다는 것을 의미해서 나중에 번거로운 일이 끊이지 않을 수 있으므로 베개를 선물하는 것을 삼가야 해. 하지만 부부, 연인 사이엔 지장이 없고 베개를 선물하거나 빗을 선물하는 것도 좋으며, '결발부부', '하룻밤의 인연을 맺다'는 좋은 의미를 담고 있어.

美英: 护身符也是同样的道理吧？担心把自己的福气和运气送出去？

부적도 마찬가지지? 자신의 복과 운을 내보낼까 봐 걱정된다는 거야?

王鹏: 是的，我发现你真的很聪明，很会举一反三嘛！

맞아, 나는 네가 정말 똑똑하다는 것을 알았어. 하나를 보고 열을 알잖아!

美英: 那当然啦！哈哈！

그럼! 하하!

王鹏: 对了！还有你们女孩子喜欢买的钱包，也是除了家人、恋人之间以外，不能乱送的。钱包是用来装钱、装财富的，你送钱包就等于把"钱库"送给别人，你自己哪还有财运？所以，送钱包的人，可能以后会遇到财运不佳、漏财严重的等情况。

아 참! 그리고 여자들이 즐겨 사는 지갑도 가족, 연인 사이 외에는 함부로 선물할 수 없는 거야. 지갑은 돈을 담고, 부를 담는 데 쓰는 것인데, 네가 지갑을 선물하는 것은 다른 사람에게 돈주머니를 주는 것과 같아서, 자신에게 무슨 재물운이 있겠어? 그래서 지갑을 선물하는 사람은 나중에 재물운이 나쁘거나 재물이 새는 심한 경우를 당하게 될 수도 있어.

美英: 好的，我记住了。

알겠어. 내가 기억할게.

王鹏: 还有一些不是那么常见的东西也是不可以当礼物的，比如鱼缸、石头、古董、财神还有刀具和镜子。财神自然是不用说，因为财神是要自己亲自去请的，而不能随意送，而且送财神就等于把自己的财运送出了家门，送给了别人，这样不仅不会给收受者带来财运，而且还会使自己的财运受到影响。此外，象征着财富的貔貅和招财猫等摆件也不能随意赠送和接受的；鱼缸、石头和古董，则是不懂的人容易引起风水上的问题，除非自己是行家。否则也不适合当做礼物；刀具易伤人，且有"一刀两断"之意，镜子容易破，即使不破也会照出人的真面目，有叫人现丑的意思，所以皆为忌讳之物。

그리고 그렇게 흔하지 않은 물건들도 있는데 선물을 해서는 안 돼, 예를 들면 어항, 돌, 골동품, 재신, 그리고 칼과 거울 같은 것들이 있어. 재신이라는 것은 말할 것도 없어. 재신이라는 것은 자기가 직접 모셔야 하기 때문에 마음대로 선물할 수 없고, 또 재신이라는 것은 자신의 재운을 집 밖으로 내보내고 다른 사람에게 준 것과 같기 때문에 받는 사람에게 재운이 돌아가지 않을 뿐만 아니라 자신의 재운이 영향을 받게 돼. 이 밖에 부를 상징하는 비휴나 마네키네코 등과 같은 장식품도 마음대로 주고받을 수 없고, 어항이나 돌, 골동품을 잘 모르는 사람은 풍수적으로 문제를 일으키기 쉬워. 본인이 전문가인 경우가 아니라면 선물하기에 적합하지 않아. 칼은 사람을 다치게 하기 쉽고, "한칼에 두 동강이를 내다"라는 뜻이 있어. 거울은 깨지기 쉬워, 깨지지 않더라도 사람의 본색을 비추게 되고, 추태를 부리게 된다는 뜻도 있기 때문에 모두 꺼리는 물건이야.

美英：哇！讲究真的好多啊！算了，为了保险起见，我给阿姨买条丝巾吧，这个总没事了吧？

와! 정말 신경 쓰는 게 많네! 됐어. 안전하기 위해 내가 이모에게 스카프 사드려야겠어. 이거 아무래도 괜찮겠지?

王鹏: 哈哈，其实现在有这些忌讳的人越来越少了，不过为了礼节了解一下也没关系，而且除了我刚刚说的这些忌讳之外，大体上也没什么忌讳的了。

하하, 사실 이런 거 꺼리는 사람들이 많이 줄었는데, 예의를 갖추기 위해서 알아둬도 괜찮고, 게다가 내가 아까 이야기 한 금기 외에는 크게 꺼릴 것도 없어.

美英: 哈哈，好的。那我再去商场逛一逛，看看有没有什么更合心意的东西吧！谢谢你啦！

하하, 좋아. 그럼 내가 백화점에 가서 좀 더 마음에 드는 물건이 있는지 확인해볼게!고마워!

中国部分传统吉祥物及寓意

中国传统的吉祥文化中，家居（镇宅）吉祥物多为选择用一些灵物，灵物指具有神灵的生物和器物，在传统吉祥物中，灵物主要指的是"四灵"：即中国古代传说中的四种灵异动物，包括龙、凤、龟、麟。古人认为"麟体信厚，凤知治乱，龟兆吉凶，龙能变化"，龙凤龟麟成为中国传统文化中最具象征意义的吉祥，历代帝王都将四灵神化成皇室威严和权力的标志；在民间，则按照世俗的意愿，希冀从它们身上祈求幸福平安和吉祥如意。

貔貅

聚财神兽，是一种凶猛的瑞兽，主伺招财。它嘴巴大腹大，屁股大，没有肛门，只吃不拉。寓意揽八方之财，富大命大，稳做江山。古人认为命是注定的，但运程可改变，故有貔貅在于发财顺手，家有貔貅事事无忧，之说。用它不但可以聚财，守财，稳定基业，还能镇宅辟邪，因此倍受经商人的喜爱。摆放貔貅要注意的是，头必须向门外或窗外，因为貔貅是靠吸食四方财源来旺主人家的。

龙头龟

龟被尊称"神灵之精"能见有云，明于吉凶。它主招贵人相助，在写字台上摆放龙头龟，可在工作上获得贵人的扶持，得到上司的赏识，使工作进尺顺利，把玉龟放摆放室内冲煞的方位，以化解煞气，祈富家人平安长寿。

升官印

古时的官员，都会有一个玉印作为身份的代表，官级越高，其玉印的质地越纯越美，皇帝所用的叫玉玺，是大权在握一统江山的象征，升官印美玉或天然水品雕刻而成，摆放案头或书柜里，以辅助步步高升官运亨通。在家中摆放升官印，最利公务员人士的事业升迁，如果是高级行政管理人员也可摆放到自己的专用办公室里。

葫芦

谐音"福禄"，自古就是吉祥福禄的象征，因葫芦果实里面有很多种子，所以葫芦还被视为繁衍生育、多子多孙的吉祥物。在神话故事里，葫芦始终与神仙和英雄为伴，被认为是给人类带来福禄、驱魔辟邪的灵物。

龙凤

组合的龙凤呈祥图案寓意为尊贵、富足、祥瑞、杰出、旧时龙袍凤冠是皇家威严的象征，今日则成为民间的崇尚，摆设玉龙与室内可以辟邪去煞，保家平安，还可以助事业稳步发展，防小人作乱。尤其适合立志走仕途发展的人士摆放。

文昌塔

为风水中常用之法器，主利读书，功名和事业，一般的文昌塔为九层，摆放在文昌位，可人头脑敏捷思维发达，尤其是对于文雅人员，可提高工作效率，助事业进步，功成名就，与小孩读书也帮助很大，助其收敛心神，文思大发，成绩突飞猛进，古人非常重视文昌，在许多城市设有文昌塔。

金蟾

旺财瑞兽之一，金蟾长有三只腿，与普通的四腿蟾蜍不同，它是会吐金钱的神兽，传说她原本为妖，后被刘海仙人收服，从此乐于帮助贫民百姓，成了能吐金钱助人的神兽，后来成为旺财瑞兽之一。摆放旺财蟾蜍。注意金蟾的头要朝向屋内，而不宜向门外窗外，否则所吐之钱皆会吐出屋外，旺财蟾蜍有助于催旺财气，助生意成功，财源广进，是居家开店必摆的旺财吉祥物。

麒麟

是仁义之兽，是祥瑞降临圣贤诞生与天下太平之兆，，有麒麟吐玉书的典故，对有孝道积善的人特别照顾，当她遇到坏人时，边会追着这个来咬，因此它常被利用做辟邪挡煞，化解三煞，将会运好转，灾难减轻，化解白虎及流年凶星的效用。麒麟是一种瑞兽，可在家中任何地方摆放，起到镇灾辟邪，增祥添旺丁健康的作用，以玉石雕刻为佳。

吉祥公鸡

是一种常用的吉祥宝物，其作用是专门用来克制蜈蚣煞和化解桃花煞的，此物尤利于以口为职业特之的专业人士，如律师，销售人员，娱乐文艺界等。有助于主人工作上得心应手，若用来防范桃花煞，可将之放在配偶的衣橱内，选择玉石，水晶，绿檀，桃木等天然材质的吉祥公鸡，可增强其化煞能力。

在中国送礼的讲究
중국인 작명의 의의

生词

深刻 shēn kè	[형용사](인상이) 깊다. (느낌이) 매우 강렬하다.
学问 xué wen	[명사]학문.
主意 zhǔ yi	[명사]방법. 생각. 의견.
收录 shōu lù	[동사]뽑다. 받아들이다.
姓氏 xìng shì	[명사]성씨. 성.
来源 lái yuán	[명사](사물의)내원. 근원. 출처.
崇拜 chóng bài	[동사]숭배하다.
秘密 mì mì	[형용사]비밀의. 비밀스러운.
特点 tè diǎn	[명사]특점. 특색. 특징.
复杂 fù zá	[형용사]복잡하다.
讲究 jiǎng jiū	[동사]강구하다. 연구하다.
茁壮 zhuó zhuàng	[형용사](동식물·사람이) 건장하다. 튼튼하다.
威武 wēi wǔ	[명사]위무. 권세와 무력. [형용사]힘이 세다. 위풍당당하다.
勇猛 yǒng měng	[형용사]용맹스럽다.

内涵 nèi hán	[명사](언어에 담겨있는) 내용. 의미.
美德 měi dé	[명사]미덕, 아름다운 품성.
元素 yuán sù	[명사]요소.
别致 bié zhì	[형용사]특이하다. 독특하고도 정취가 풍부하다.
前程似锦 qián chéng sì jǐn	[성어]전도가 양양하다. 미래가 탄탄대로이다.

对话

美英: 王鹏，我想请你帮个忙呢！我认识了几个新朋友，他们都是刚到中国来的留学生，他们想让我帮他们起一个中文名字。

왕펑, 내가 너에게 도움을 청하고 싶어! 나는 몇 명의 새 친구를 만났는데 그들은 모두 중국에 막 온 유학생들이야. 그들이 나에게 그들의 중국어 이름을 지어주기를 원해.

王鹏: 是吗？确实，留学生来中国学习，一定首先要有一个好听的中文名字，这会给人留下深刻的印象，比如，你的名字美英，就很好听，也很好记。

그래? 확실히 유학생들이 중국에 와서 공부하려면, 반드시 먼저 중국어 이름이 듣기 좋아야 해. 이것은 사람들에게 깊은 인상을 남길 수 있어. 예를 들면, 너의 이름이 미영이라고 하면 아주 듣기 좋고, 기억하기도 좋아.

美英: 可是，该怎么帮他们起名字呢？我一点主意也没有。

그런데 어떻게 이름을 지어줘야 할까? 나는 아무런 방법이 없어.

王鹏: 那是因为你还不太了解中国人姓名中的学问呢！

그건 중국인의 이름에 있는 학문을 잘 모르기 때문이야!

美英： 我也正好想知道，因为我认识的很多中国朋友，都会说起他们名字中所包含的意义，很有意思。

나도 마침 내가 아는 많은 중국친구들 때문에 알고싶어. 그들의 이름에 담긴 의미를 이야기하는 재미가 있어.

王鹏： 中国人的姓名包括姓和名两个部分。比如我叫王鹏，我的姓是王，我的名是鹏。先说姓，中国人的姓大概在5000年以前就存在了，具体数量还不确定，但《姓氏辞典》收录的姓已达8000多个。

중국인의 이름은 성과 이름 두 개의 부분이야. 예를 들어, 내 이름은 왕펑이고, 내 성은 왕, 이름은 펑이야. 먼저 성을 이야기하면 중국인의 성은 5000년 전부터 존재해 왔고, 숫자는 확실치 않지만'성씨사전'에 수록된 성은 8000여 개에 이르러.

美英： 你的姓只有一个字，我也见过两个字的姓呢。

너의 성은 한 글자인데, 나도 두 글자의 성을 본 적이 있어.

王鹏： 中国的姓大部分都是一个字的，也有一些姓是两个字的。一个字的我们叫单姓，两个字的我们叫复姓，比较常见的单姓有李、王、张、刘、赵、陈等等，复姓比较少，比如司马、欧阳等。

중국의 성은 대부분 한 글자이고, 어떤 성은 두 글자야. 한 글자의 성을 우리는 단성이라고 부르고, 두 글자의 성을 우리는 복성이라고 불러. 비교적 흔한 단성은 이, 왕, 장, 유, 조, 진 등이야. 복성은 비교적 적은데, 예를 들면 사마, 구양 등이야.

美英： 我发现这样一种现象，就是当两个中国人见面的时候，会问起对方的姓氏。如果两个人同姓，他们就会很高兴地说，咱们500年前是一家呢。那中国人的姓到底从哪里来的呢？

나는 이러한 현상을 발견했어, 두 중국인이 만났을 때 상대방의 성을 묻는다는 거야. 만약 성이 같으면 500년 전엔 한집안 식구였다고 반겼을 거야. 그러면 중국인의 성은 도대체 어디서 나온 것일까?

王鹏： 中国人姓的来源，有好多种情况。中国的姓最早都是"女"字旁的，比如，中国最古老的姓姬、姚、姜等。也有以远古时代人们崇拜的动物为姓的，如马、牛、羊等；也有以古时封地封国为姓的，如赵、宋、秦、吴等。此外，也有以居住地、职业等为姓的。

중국인 성의 근원에는 여러 가지 상황이 있어. 중국의 성은 가장 처음에는 모두 "女"자변이 있어. 예를 들어, 중국의 가장 오래된 성은 희, 요, 장 등이야. 상고 시대 사람들이 숭배하던 동물을 성으로 삼은 것도 있는데, 예를 들면 말, 소, 양 등이야. 옛날 봉지봉국 성을 딴 것도 있어. 예를 들어, 조, 송, 진, 오 등이야. 그 밖에 거주지, 직업 등을 성으로 하는 경우도 있어.

美英： 原来中国人的姓里，藏着这么多秘密呢！那中国人的名字有什么特点呢？

알고 보니 중국인의 성 안에 이렇게 많은 비밀이 숨겨져 있구나! 그렇다면 중국인의 이름에는 어떤 특징이 있어?

王鹏： 中国古人的姓名比较复杂，比如，宋代文学家苏轼，姓苏。名轼，字子瞻，号东坡居士。

중국 옛사람의 이름은 비교적 복잡한데, 예를 들면, 송나라 문학가 소식, 성은 소씨다. 명식, 자는 자첨, 호는 동파거사야.

美英： 真的挺复杂的。

정말 매우 복잡하네.

王鹏： 现代中国人的名字，已经没有古人那么多的讲究了。现在的名字一般是两个字到三个字，而且，中国人的名字一般都有一定的含义，表示某种愿望。比如叫林、森，表示父母希望孩子像树木一样茁壮成长。

현대 중국인의 이름은 이미 옛날 사람들만큼 그렇게 많이 따지지 않아. 현재의 이름은 보통 두 글자에서 세 글자야. 게다가 중국인의 이름은 일정한 의미를 갖고, 소망을 나타내. 예를 들어, 림, 삼이라고 부르는 것은 아이가 나무처럼 건강하게 자라기를 바라는 부모의 희망이 담겨져 있어.

美英： 我的中文名字也表示一种愿望，我的愿望就是希望自己一直美丽啊！

나의 중국어 이름도 희망을 나타내. 내 소원은 바로 내가 항상 아름답기를 바라는 거야!

王鹏： 不错，女人的名字常用表示温柔美丽的字，而男人的名字常用表示威武勇猛的字，如"刚"、"强"、"伟"、"龙"、"帅"等。

그래. 여자 이름은 부드럽고 아름다운 글자를 사용하고, 남자 이름은 위풍당당하고,용맹한 글자를 사용해. 예를 들어, 강, 강, 위, 용, 수 등이야.

美英： 说到龙，我就想到了李小龙、成龙。很多外国学生都知道他们是功夫明星，所以不少人喜欢在自己的中文名字中带一个"龙"字，叫"张小龙"、"唐小龙"，甚至直接起名"李小龙"。

용하면 이소룡, 성룡이 떠올라. 무술 스타라는 사실을 아는 외국 학생들이 적지 않아서 자신의 중국어 이름에'용'자를 붙이거나,'장소룡','탕소룡'이라고 부르고, 아예'이소룡'이라는 이름을 붙이기도 해.

王鹏： 另外，也有一些中国人的名字是具有特定时代特色的，比如：建国，卫东等；有的名字表示希望具有某种美德，如"忠"、"义"、"礼"、"信"等；也有的名字包含某种自然现象等，如"晨"、"冬"、"雪"等。

　　또 어떤 중국인들은 특정한 시대적 특색을 가진 이름도 있어. 예를 들면, 건국, 위동 등이고, 어떤 이름은 미덕을 원한다는 것을 나타내. 예를 들어, '충', '의', '예', '신' 등이야. 자연현상을 담은 이름도 있는데, 예를 들어, '새벽', '겨울', '눈' 등이야.

美英： 那给外国留学生起名，需要考虑什么呢？

　　그럼 외국인 유학생의 이름을 짓기 위해서는 어떤 것을 고려해야 해?

王鹏： 外国留学生起名字就比较自由了。有的名字是根据外文名字的发音来起的名，比如：安妮、琳达、大卫等，还有的是根据学生本身的气质、特点或者个人的喜好来起名的。

　　외국인 유학생의 이름을 작명하는 것은 비교적 자유로워. 어떤 이름은 외국어 이름의 발음에 근거하여 지어. 예를 들면 안나, 린다, 다비드 등이야. 그리고 학생들만의 기질이나 특성, 개인의 취향에 따라 이름을 지어.

美英： 对，我记得有一个留学生，他的名字叫杨帅。他说是因为看了《神雕侠侣》，里边的杨过很帅，所以给自己起名叫杨帅，我印象特别深。

　　응. 내가 기억하는 유학생이 있는데 그의 이름은 양수야. 그는 '신조협려'를 봤는데, 거기에 나오는 양과가 멋있어서 자신의 이름을 양수라고 지었데. 내 인상에 매우 깊어.

王鹏: 我也见过喜欢中国古典诗歌的留学生，他们给自己起了李太白、杜甫等名字。

나도 중국 고전을 좋아하는 유학생들을 만났는데, 그들은 자신의 이름을 이태백, 두보 등 으로 지었어.

美英: 这些外国留学生的中文水平也一定很好吧，你看起名字都这么有内涵。

이 외국 유학생들의 중국어 실력도 정말 좋을텐데, 네가 봐봐 이름이 모두 이렇게 뜻이 있어.

王鹏: 确实，中文名字包含着丰富的中华文化元素。起名字的过程，其实也是学习中文和了解中国文化的过程。

확실히 중국어 이름에는 중화문화 요소가 풍부하게 포함되어 있어. 이름을 짓는 과정은 사실 중국어를 배우고 중국 문화를 이해하는 과정이기도 해.

美英: 我好像已经有点思路了，我回去要好好想一想，帮他们起个好听又别致的中文名字。

나는 이미 좀 사고의 방향이 생긴 것 같아. 나는 돌아가서 잘 생각해서 그들이 듣기 좋고, 색다른 중국어 이름을 지어줄 거야.

王鹏: 好的，相信你能做到！正好，新年快到了，提前给你送下祝福吧，希望你像你的名字一样，永远美丽啊！

그래, 네가 할 수 있다고 믿어. 마침 새해가 밝았으니 미리 축하할게. 너의 이름처럼 언제나 아름답기를 바래!

美英: 那我也祝你和你的名字一样，像大鹏展翅，越飞越高，前程似锦啊！

나도 너와 네 이름처럼, 대붕처럼 날개를 펼치길 바라고, 점점 높이 날아오르길 바라며, 미래가 탄탄대로 이길 바래!

王鹏: 这你也知道? 真棒, 谢谢你!

너도 이것을 알아? 대단한데, 고마워!

阅读材料:

中国的姓名文化

1、中国人如果彼此关系很好, 会在姓氏前加上"老"或"小"两个字, 如对于比自己年龄大的人, 在姓氏前加上"老", 被称为"老王", 对于比自己年龄小的人, 在姓氏前加上"小"被称为"小李"。

2、中国人在称呼别人名字的时候, 如果是长辈或者受人尊重的人, 我们一般不能直接称呼他的全名, 比如, 你的老师叫张明, 你一定不能说, 张明老师, 我有一个问题, 这样, 显得很不礼貌。我们应该只称呼他的姓, 叫他张老师就好。

3、中国的小孩, 除了有一个正式的名字, 比如上学用的名字以外, 还会有一个小名, 父母在家都会叫孩子的小名, 如丽丽、宝宝等, 显得很亲近。

4、取名字的时候, 中国人的名字一般用一到两个字, 如果父母有好几个孩子, 一般会根据辈份不同, 在某一个字上体现出来, 比如, 同一辈人的名字可能是何文芳、何文圆、何文婷、何文凡等, 中间放一个相同的字, 表示同一个辈分。这在中国一些传统艺术里边也存在, 比如, 中国著名的相声社团德云社, 就有岳云鹏、张云雷、刘云天等"云"字辈的徒弟。

第十二课
第12과

灿烂的中国文学
찬란한 중국 문학

生词

成就 chéng jiù		[명사]성취. 성과.
开端 kāi duān		[명사]발단. 시작.
取笑 qǔ xiào		[동사]놀리다. 비웃다. 조소하다.
佚名 yì míng		[동사]실명하다. 이름이 실전되다.
考证 kǎo zhèng		[동사]고증하다.
贵族宗庙 guì zú zōng miào		귀족 종묘.
表现手法 biǎo xiàn shǒu fǎ		표현 수법.
标志 biāo zhì		[명사]표지. 지표. 상징.
开启 kāi qǐ		[동사]열다. 개방하다.
创作 chuàng zuò		[동사](문예 작품을) 창작하다.
久远 jiǔ yuǎn		[형용사]멀고 오래다. 까마득하다.
腾出时间 téng chū shí jiān		시간을 내다.
僵守古制 jiāng shǒu gǔ zhì		고제를 고수하다.
通俗易懂 tōng sú yì dǒng		통속적이어서 알기 쉽다.

成就 chéng jiù   [명사]성취. 성과. 업적.

集大成者 jí dà chéng zhě   완성자. 집대성자.

卓越 zhuó yuè   [형용사]탁월하다.

不可逾越 bù kě yú yuè   [성어]뛰어넘을 수 없다. 초월할 수 없다.

巅峰 diān fēng   [명사]최고봉. 절정. 산정.

程朱理学 chéng zhū lǐ xué   성리학.

一落千丈 yí luò qiān zhàng

[성어]일순간에 천장이 떨어지다. (명예·지위·시세 따위가) 갑자기 여지없이 떨어지다.

惶恐落魄 huáng kǒng luò pò   놀라고 두려워 곤경에 처하다.

滋养 zī yǎng   [동사]보양하다. 자양하다.

大放异彩 dà fàng yì cǎi   [성어]크게 이채를 띠다. 뛰어나게 빛을 내다.

姿态 zī tài   [명사]자태. 모습.

对话

美英: 你看《中国诗词大会》了吗?

너는 '중국시사대회'를 봤어?

王鹏: 我听说了，有好几个年轻的选手很厉害，你也对中国诗词感兴趣吗?

나는 들었는데, 몇 명의 젊은 선수들이 대단했다고 해. 너도 중국 시사에 관심이 있어?

美英: 那当然了，我爸爸很喜欢中国文化，所以我小时候也学过不少唐诗呢!

당연하지. 우리 아빠는 중국 문화를 좋아하셔서 나도 어렸을 때 당시를 많이 배웠어!

王鹏：是吗？那你现在还记得吗？背几首来听听呗。

그래? 그럼 지금 기억나? 몇 수 외워봐 듣자.

美英：哈哈，我只记得一些特别简单的，比如"锄禾日当午，汗滴禾下土。谁知盘中餐，粒粒皆辛苦。"

하하, 나는 단지 아주 간단한 것만 기억해. 예를 들어 "오후의 햇빛 아래 괭이를 들고 밭을 간다, 흐르는 땀이 땅에 떨어져 곡식을 자라게 한다. 그릇위의 밥을 그 누가 알겠는가, 한 알 한 알 모두 농민의 고생이 담긴 것"

王鹏：作为国际友人，不错不错！那我再考考你，你知道这是谁的诗吗？

외국 친구로서 좋아좋아! 그럼 다시 테스트 볼게, 이게 누구의 시인지 알아?

美英：哎呀！这个……我记不清了，好像是李白？

아이고! 이거... 기억이 잘 안 나. 이백 같은데?

王鹏：哎呀！回答错误，姓对了，就差一个字。

아이고! 답이 틀렸어. 성은 맞았고, 한 글자만 틀렸어.

美英：哈哈，你真有趣，我好像在参加《中国诗词大会》一样，好了，那你快说作者是谁吧。

하하, 너 정말 재미있어, 내가 마치'중국시사대회'에 참가하고 있는 것 같아. 자, 그럼 빨리 작가가 누구인지 말해봐.

王鹏：李白被誉为"诗仙"，写了非常多的诗，但这首诗的作者是李绅。

이백은'시선'이라 불릴 만큼 많은 시를 썼지만 이 시의 저자는 이신이야.

美英：哇！你对诗词也这么了解吗？

와! 너 시사에 대해서도 이렇게 알고 있니?

王鹏： 略知皮毛。我对文学很感兴趣。

표면 현상만 대강 알뿐이야. 나는 문학에 관심이 많아.

美英： 那你跟我说说吧，我也想多学习一些。

그럼 나한테 말해봐, 나도 더 많이 배우고 싶어.

王鹏： 可以呀。古代的文学成就实在太多了，我先和你说什么好呢？对了，我先和你说说我觉得很美的《诗经》吧。它是中国古代诗歌开端，最早的一部诗歌总集，收集了西周初年至春秋中叶，也就是前11世纪至前6世纪的诗歌，共311篇。那句"窈窕淑女，君子好逑"就出自《诗经》。

그래. 고대의 문학적 성취는 실로 너무 많았고, 내가 먼저 어떤 걸 이야기하면 좋을까? 참, 내가 아름다운 '시경'에 대해서 먼저 얘기해 볼게. 그것은 중국 고대 시가가 시작된 최초의 시가 총집인데, 서주초년부터 춘추중엽까지 수집됐어. 즉, 기원전 11세기에서 기원전 6세기의 시로, 총 311편의 시가야."요조숙녀는 군자의 좋은 배필이다"라는 말이 바로'시경'에서 나왔어.

美英： 我也知道这句话，在很多电视剧里也听到过呢。

저도 그 말을 알고 있고, 여러 드라마에서도 들었어.

王鹏： 你是真的很喜欢看电视剧呀，哈哈。

너는 드라마 보는 것을 정말 좋아하는구나. 하하.

美英： 你就别取笑我了。

그냥 놀리지 마.

王鹏： 啊，我不是取笑你，看电视还能学到知识也不错嘛！

아, 놀리는 게 아니라, 텔레비전을 보면서 지식을 배울 수 있는 것도 괜찮네!

美英: 你再继续给我说说《诗经》吧。我很好奇，里面的诗的作者都是谁。

다시 나한테'시경'에 대해 말해줘. 그 안에 있는 시의 필자가 누구인지 궁금해.

王鹏: 《诗经》的作者佚名，绝大部分已经无法考证了，相传是尹吉甫采集、孔子编订的。《诗经》在内容上分为《风》《雅》《颂》三个部分。《风》是周代各地的歌谣；《雅》是周人的正声雅乐，又分《小雅》和《大雅》；《颂》是周王庭和贵族宗庙祭祀的乐歌，又分为《周颂》《鲁颂》和《商颂》。

'시경'의 저자 성명이 산실되었고, 대부분 이미 고증할 수 없게 되었고, 윤길보가 채집하고 공자가 편찬했다고 전해져.'시경'은 내용상 시를 풍, 아, 송 세 종류로 대분하였어.'풍'은 주나라 각지의 가요이고,'아'는 주나라의 정성아악이며, 또'소아'와 '대아'로 나뉘어.'송'은 주왕정과 귀족 종묘가 제사를 지내는 악가로'주송','로송','상송'으로 나뉘어.

美英: 我觉得《诗经》里的诗句都好难啊，不认识的字也多，能看懂的字也好像看不懂意思。

나는'시경'에 나오는 시구들이 너무 어려워. 모르는 글자도 많고, 알 수 있는 글자도 뜻을 알 수 없을 것 같아.

王鹏: 《诗经》中运用的三种主要表现手法是赋比兴。简言之，赋就是铺陈直叙，即诗人把思想感情及其有关的事物平铺直叙地表达出来；比就是比方，以彼物比此物，诗人有本事或情感，借一个事物来作比喻；兴则是触物兴词，客观事物触发了诗人的情感。赋、比、兴的运用，既是《诗经》艺术特征的重要标志，也开启了中国古代诗歌创作的基本手法。也许是因为时间更为久远，所以理解起来会更加困难。

'시경'에서 운용하는 세 가지 주요 표현 기법은 부비흥이야. 요컨대, 부는 진솔한 이야기를 늘어놓는 것이고, 즉 시인은 사상적 감정과 그것과 관련되 사물을 수식없고 굴곡이 없이 직설적으로 서술해 표현했어. 비유하자면, 저것과 이 물건을 비교하면 ,시인은 재주나 감정이 있어서 하나의 사물을 빌려 비유해. 흥은 촉물흥사고, 객관적인 사물은 시인의 감정을 불러일으켜. 부, 비, 흥의 활용은 '시경'의 예술적 특징의 중요한 표식이자 중국 고대 시가 창작의 기본 수법을 열었어. 시간이 더 오래 걸렸기 때문에 이해하기가 더 힘들었을지도 몰라.

美英: 原来如此，有时间你能教一教我《诗经》里的诗句吗？

그렇구나. 시간 날 때 '시경'의 시구 좀 가르쳐 줄래?

王鹏: 可以呀，不过《诗经》确实不简单，咱们专门腾出时间来学习比较好。相比之下，唐代的文学作品也许你理解起来会容易一些。

그래, 그런데 '시경'이 만만치 않아. 우리 시간 내서 공부하면 좋을 것 같아. 이에 비해 당대의 문학작품은 네가 이해하기 쉬울지도 몰라.

美英: 我也这么觉得，我还是学过不少唐诗的，虽然我都不太记得了。

나도 그렇게 생각하는데, 비록 기억은 잘 나지 않지만, 나는 당시를 많이 배웠어.

王鹏: 唐文化以汉族文化为主体，汉族文化经历了几千年的发展，至唐初已近成熟的阶段。唐文化有着明显得向民众靠近、重现实世界、不僵守古制的特征，相对也会通俗易懂一些。像你说过的你学过很多唐诗，唐朝文学成就以诗歌最为发达。清人所编《全唐诗》共收录两千两百多位诗人的四万八千九百多首诗，但这还不是全部。

당 문화는 한족 문화를 주체로 하며, 한족 문화는 수천 년의 발전을 거쳐 당초에 이미 거의 성숙 단계에 이르렀어. 당 문화는 분명히 민중에게 접근해서 현실세계가 재현되고, 옛 제도를 고수하지 않는 특징이 뚜렷해 상대적으로 알기 쉬워. 네가 말했듯이 너는 당시를 많이 배웠잖아, 당조 문학의 성취는 시가 가장 발달했어. 청인이 엮은'전당시'에는 시인 2천200여 명의 시 4만8천9백여 편의 시가 수록돼 있지만, 이게 전부는 아니야.

美英: 哇，真多啊!

와, 정말 많다!

王鹏: 其中集大成者为"诗仙"李白和"诗圣"杜甫最为出名。李白的诗，飘逸洒脱，充满浪漫主义的色彩，而杜甫的诗则更多体现现实主义之情怀，这两位诗人被称为"李杜"。晚唐诗人以李商隐和杜牧最为出众，被称为"小李杜"。可别搞错了这两个"李杜"哦。

그중에서도 집대성자는'시선'이백과'시성'두보가 가장 유명해. 이백의 시는 우아하고 소탈하며 낭만주의 색채로 가득하지만, 두보의 시는 현실주의적인 정서를 더 많이 담아냈어. 이 두 시인은'이두'라고 불려. 당조 말기 시인 이상은과 두목이 가장 출중해서'소이두'로 불려. 이 두 사람'이두'를 착각하지 마.

美英: 好像还有很多诗人吧?

그리고 많은 시인도 있는 것 같지?

王鹏: 是的。除了刚刚说的"李杜"和"小李杜"，唐初诗人以"初唐四杰"王勃、杨炯、卢照邻和骆宾王最为著名；盛唐时期诗人可分为以王维、孟浩然为代表的田园派和岑参、王昌龄为代表的边塞派；中唐时期最卓越的诗人是白居易，他的诗通俗易懂。此外还有元稹、韩愈、柳宗元、刘禹锡、李贺等。后世宋、明、清虽仍有杰出诗人出现，但总体水平都不如唐朝诗人，唐诗成为了中国古诗不可逾越的巅峰。

응. 방금 말한'이두'와'소이두'를 제외하면 당초 시인은'초당사걸' 왕발, 양형, 노조린, 낙빈왕으로 가장 유명해. 성당 시기 시인은 왕유, 맹호연으로 대표되는 전원파와 잠삼, 왕창령으로 대표되는 변새파로 나눌 수 있어. 중당 시기의 가장 탁월한 시인은 백거이로, 그의 시는 통속적이어서 이해하기 쉬워. 이 밖에 원진, 한유, 유종원, 유우석, 이하 등이 있어. 후대에 송, 명, 청은 여전히 걸출한 시인이 나타났지만 전체적으로는 당조 시인보다 못했고, 당시는 중국 고시가 넘볼 수 없는 절정이 되었어.

美英: 哇！真厉害！

와! 정말 대단해!

王鹏: 不过明清时期可以说是中国文学的转型期和新变期。受专制政治和程朱理学的严重束缚和世俗文化的极大冲击，文人地位一落千丈，思想缺乏自由，精神惶恐落魄，而整个民族精神既失去了先秦两汉时期的雄大之势，又没有了魏晋以来直到宋代的灵动之气，作为士人雅文学标志的诗词和散文开始走向衰落，而受俗文化滋养的散曲、戏剧、小说却大放异彩。总之，这个时期的最高文学成就是小说，小说中的最高成就也就是四大名著了。考考你，你知道四大名著分别是哪四本吗？

그러나 명청 시기는 중국 문학의 전환기이자 신변기라고 할 수 있어. 전제정치와 성리학의 심각한 속박과 세속문화에 큰 충격을 받았고, 문인의 지위는 땅에 떨어지고, 사상의 자유는 부족했고, 정신적으로 놀라고 두려워 곤경에 처했어. 그러나 민족정신은 선진양한시대의 웅대한 기세를 잃었고, 위진 이래 송대까지 갔던 그 날렵한 기운은 사라지고, 선비들의 아문학의 상징이었던 시와 산문은 쇠락의 길을 걷고 있었고, 반면 속문화의 자양분인 산곡, 연극, 소설은 뛰어나게 빛을 내. 한마디로 이 시기 최고의 문학적 성취는 소설이고, 소설 속 최고의 성취는 4대 명작이다. 너를 테스트 해볼게, 너는 네 권의 명작이 각각 어떤 네 권인지 알아?

美英: 我知道有《三国演义》、《水浒传》、《红楼梦》……还有一个是什么来着?

삼국연의, 수호전, 홍루몽이 있는 걸 알고 있는데… 또 하나는 뭐였더라?

王鹏: 不错嘛! 还有一部《西游记》。

잘했네! '서유기'도 하나 있어.

美英: 啊! 对了!《西游记》, 我爸爸非常喜欢《三国演义》和《西游记》呢!

아! 맞다! 서유기. 우리 아빠는 '삼국연의'와 '서유기'를 가장 좋아하셔!

王鹏: 我也特别喜欢《三国演义》, 作者是元末明初小说家罗贯中, 这是中国第一部长篇章回体小说, 刻画了近200个人物形象, 其中诸葛亮、曹操、关羽、刘备等人性格尤为突出。《西游记》是一部浪漫主义长篇神魔小说, 作者是明代杰出的小说家吴承恩, 孙悟空这个形象, 以其鲜明的个性特征, 在中国文学史上立起了一座不朽的艺术丰碑。《水浒传》是中国历史上最早用白话文写成的章回小说之一, 作者是元末明初文学家施耐庵, 描写了北宋末年以宋江为首的一百零八位好汉在梁山起义, 以及聚义之后接受招安、四处征战的故事。《红楼梦》是章回体长篇小说, 中国古代四大名著之首, 作者是曹雪芹, 清代著名小说家, 今传《红楼梦》120回本, 其中前80回的绝大部分出于曹雪芹的手笔, 后40回则为清代小说家高鹗所续写,《红楼梦》中的100多个人物形象各具姿态, 大都有自己鲜明的个性特征, 尤其是主要人物形象如贾宝玉、林黛玉、薛宝钗、贾母、王熙凤、史湘云、贾探春等，给我们留下了深刻的印象。

　　나도 삼국연의를 특히 좋아하는데, 저자는 원말 명초 소설가로 나관중이야. 이 것은 중국의 첫 번째 장편인 장회체소설로, 200개에 가까운 인물의 형상이 그려졌고, 그중에서도 제갈량, 조조, 관우, 유비 등의 성격이 두드러졌어. 서유기는 명대의 걸출한 소설가 오승은이 쓴 낭만주의 장편 신마소설이고, 손오공이라는 이미지는 뚜렷한 개성으로 중국 문학사에 불후의 예술적 금자탑을 세웠어. 수호전은 중국 역사상 최초로 백화문으로 쓴 장회 소설 중의 하나이고, 저자는 원말 명초 문학가 시내암이야. 북송 말기 송강을 비롯한 1008명의 사나이가 양산에서 봉기하는 모습을 묘사하고, 정의를 위해 모이고 나서 투항하게 하고, 사방에 출정하여 싸운다는 이야기야. 홍루몽은 장회체 장편소설로 중국 고대 4대 명작의 첫 번째이고, 작가는 조설근이야. 청대 유명한 소설가로 현재 120회인 홍루몽 중 첫 80회까지는 대부분 조설근의 친필했고, 후 40회는 청대 소설가 고악이 쓴 것이야. 홍루몽의 100여 개 캐릭터는 각각 자태를 갖추고 있으며, 대부분 자신의 뚜렷한 개성과 특징을 가지고 있어. 특히 주요 인물의 형상은 가보옥, 임대옥, 설보채, 가모, 왕희봉, 사상운, 가다춘 등은 우리에게 깊은 인상을 남겼어.

美英： 哇！你真的很了解中国的文学历史呢！太厉害了！我一定要多向你学习，待会儿我就去买本三国演义来看，要是我又不明白的地方，请一定要教教我哦！

와! 너는 중국의 문학역사를 정말 잘 알고 있네! 정말 대단해! 난 반드시 너에게 많이 배워야 해. 이따가 삼국연의를 사러 갈게, 내가 모르는 점이 있으면 꼭 가르쳐줘!

王鹏： 没问题！

문제 없어!

中国唐朝文学名家及作品简介

1.王勃：字子安，"初唐四杰"（王勃、杨炯、卢照邻、骆宾王）之一。主要作品为《王子安集》。其中《送杜少府之任蜀州》《滕王阁序》最有名。是"初唐四杰"中成就最高的诗人

2.骆宾王：（姓骆，字观光，名宾王，唐代诗人。他7岁能诗，有"神童"之称。据说《咏鹅》诗就是此时所作。在四杰中他的诗作最多。尤擅七言歌行，名作《帝京篇》为初唐罕有的长篇，当时以为绝唱。

3.孟浩然：唐代第一个大量写山水诗的人，与王维齐名，世称"王孟"。主要作品为《过故人庄》《春晓》《望洞庭湖赠张丞相》等。

4.王维：字摩诘，官至尚书右丞，故称王右丞，唐朝诗人兼画家。与孟浩然同为盛唐田园山水派代表。主要作品为《使至塞上》《送元二使安西》《竹里馆》《九月九日忆山东兄弟》等。苏轼称赞王维"诗中有画""画中有诗"。

5.李白：字太白，号青莲居士，人称"诗仙"。唐代三大诗人（李白、杜甫、白居易）之一。主要诗作有《将进酒》、《蜀道难》、《望庐山瀑布》、《梦游天姥吟留别》、《赠汪伦》等，结为《李太白集》。其诗属浪漫豪放派，是古典浪漫主义艺术的高峰。韩愈称赞说："李杜文章在，光焰万丈长。"

6.杜甫：字子美，自称少陵野老，曾任左拾遗、检校工部员外郎，世称杜工部。与李白齐名，人称"诗圣"，初唐诗人。主要作品有《望岳》《春望》《茅屋为秋风所破歌》《闻官军收河南河北》《登楼》《江南逢李龟年》及"三吏"（《新安吏》《石壕吏》《潼关吏》）"三别"（《新婚别》《垂老别》《无家别》）等，结为《杜工部集》。其诗为现实主义诗歌艺术的高峰，被称为"诗史"。

7.白居易：字乐天，号香山居士，中唐新乐府运动的主要倡导者，唐代三大诗人之一，与元稹合称"元白"。主要作品有《钱塘湖春行》《观刈麦》《卖炭翁》《长恨歌》《琵琶行》等，自编为《白氏长庆集》。他是现实主义诗歌传统的继承者，主张"文章合为时而著，歌诗合为事而作"，是通俗诗派的

代表，相传其诗老妪可懂。

8.元稹：字微之，唐代诗人，以乐府诗见长。代表作有《菊花》、《离思五首》（其四）、《遣悲怀三首》、《兔丝》、《和裴校书鹭鸶飞》、《夜池》、《感逝（浙东）》、《晚春》等。《离思五首》（其四）中"曾经沧海难为水，除却巫山不是云"广为流传。

9.王昌龄：字少伯，盛唐著名边塞诗人，后人誉为"七绝圣手"。当时即名重一时，被称为"诗家天子王江宁"。王昌龄擅长七言绝句，《出塞》、《从军行》、《长信秋词》、《西宫春怨》、《闺怨》、《采莲曲》、《芙蓉楼送辛渐》等。

10.王之涣：字季凌，是盛唐时期的诗人，豪放不羁，常击剑悲歌，其诗多被当时乐工制曲歌唱，名动一时，常与高适、王昌龄等相唱和，以善于描写边塞风光著称。其中《登鹳雀楼》、《凉州词二首》（其一）和《送别》三首皆著名，又尤以前两首最脍炙人口，诗中的"欲穷千里目，更上一层楼"和"黄河远上白云间，一片孤城万仞山"都是流传千古的佳句。

11.贺知章：字季真，号四明狂客，唐代诗人，诗文以绝句见长，除祭神乐章、应制诗外，其写景、抒怀之作风格独特，清新潇洒，著名的《咏柳》、《回乡偶书》脍炙人口，千古传诵，今尚存录入《全唐诗》共19首。

12.岑参：唐朝边塞诗派的重要代表人物。主要作品有《白雪歌送武判官归京》《逢入京使》《走马川行奉送封大夫出师西征》等。

13.韩愈：字退之，官至吏部侍郎，谥号文，世称韩吏部、韩文公，郡望昌黎，又称韩昌黎。唐代古文运动倡导者，"唐宋八大家"（韩愈、柳宗元、欧阳修、苏洵、苏轼、苏辙、王安石曾巩）之首。与柳宗元并称"韩柳"。主要作品为《马说》《师说》《进学解》《祭十二郎文》《早春呈水部张十八员外》《左迁至蓝关示侄孙湘》等，结为《昌黎先生集》。

14.刘禹锡：字梦得，唐代文学家，与柳宗元合称"刘柳"，与白居易合称"刘白"。主要作品有《陋室铭》《乌衣巷》《秋词》《竹枝词》《酬乐天扬州初逢席上见赠》等。

15.柳宗元：字子厚，河东人，人称柳河东，曾任柳州刺史，又称柳柳州。与韩愈并称"韩柳","唐宋八大家"之一。主要作品有《捕蛇者说》《三戒》(包括《黔之驴》)、"永州八记"(包括《小石潭记》)等散文,《渔翁》《江雪》等诗。他是中国第一个把寓言正式写成独立的文学作品的作家

16. 李商隐:字义山,晚唐著名诗人。主要作品有《夜雨寄北》《乐游原》《锦瑟》《无题》等。《无题》组诗开创了朦胧诗的先河,其中有"春蚕到死丝方尽,蜡炬成灰泪始干"的名句。

17. 温庭筠:本名岐,字飞卿,唐代诗人、词人,诗与李商隐齐名。其诗词工于体物,有声调色彩之美。诗辞藻华丽,多写个人遭际,于时政亦有所反映,吊古行旅之作感慨深切,气韵清新,犹存风骨。词多写女子闺情,风格秾艳精巧,清新明快,是花间词派的重要作家之一,被称为花间鼻祖。《梦江南》、《望江南》、《玉蝴蝶》、《菩萨蛮》、《更漏子》、《归国遥》等。

18. 杜牧:字牧之,别称小杜,晚唐与李商隐齐名,并称"小李杜"。主要作品有《江南春绝句》《清明》《泊秦淮》《秋夕》《赤壁》《阿房宫赋》等。尤擅七律七绝。